Heinrich Haake
Geist und Verstand, Teil II

GEIST UND VERSTAND

Teil II

von

Heinrich Haake

Bibliografische Information der Deutschen Nationalbibliothek:
Die Deutsche Nationalbibliothek verzeichnet diese Publikation in
der Deutschen Nationalbibliografie; detaillierte bibliografische
Daten sind im Internet über dnb.dnb.de abrufbar.

Die automatisierte Analyse des Werkes, um daraus Informationen
insbesondere über Muster, Trends und Korrelationen gemäß §44b
UrhG („Text und Data Mining") zu gewinnen, ist untersagt.

1. Auflage 2025

© 2025 Heinrich Haake

Lektorat: Dr. phil. Manfred Ecker
korrekto – Wissenschaftslektorat

Verlag: BoD · Books on Demand GmbH, Überseering 33,
22297 Hamburg, bod@bod.de
Druck: Libri Plureos GmbH, Friedensallee 273, 22763 Hamburg

ISBN: 978-3-8192-8138-9

Inhalt

Vorwort

Warum schreibt jemand im Alter von 87 Jahren, der kaum noch über Augenlicht verfügt, nur noch schwer hören kann und zudem die eigene Frau pflegen muss, ein Buch, in dem er seine bisherige religiöse Einstellung hinterfragt und sich mit philosophischen Fragen sowie Problemen der Gegenwart auseinandersetzt?

Die Antwort darauf ist, dass ich mich erst sehr spät mit dem, was das Denken eigentlich ist, beschäftigt habe, und in der Folge dann auch mit der Frage, wie sich mein mir vermitteltes traditionelles christliches Weltbild mit dem verträgt, was mir mein Denken sagt. Der Grund hierfür ist ein Buch von Franz Alt, das mir in die Hände fiel und mir einen ganz neuen, anderen Blick auf das Christentum und insbesondere auf Jesus eröffnete. Dieses Buch greift Forschungen des Pfarrers Günther Schwarz aus Hannover auf, der die Geschichte Jesu auf Grundlage der von ihm wiederhergestellten aramäischen Urtexte darstellt. Der Kern dieser Darstellung ist, dass Jesus wesentlich Geist war und der Geist Gottes als Gott-Geist in jedem Menschen wohnt und jeder Mensch mit ihm in sich selbst in Beziehung treten kann. So ist also das, was mir in den Sinn kommt und mit der Vernunft als wahr erfasst werden kann, immer zugleich etwas, was von Gott kommt und zugleich von jedem Menschen begriffen werden kann. So begreife ich jeden Gedanken, jede Idee und jedes Geschehen, wenn ich über sie nachdenke. Da ich hierauf aber im gesamten Buch anhand einer Vielzahl an Themen eingehe, möchte ich es an dieser Stelle bei dieser kurzen Erklärung bewenden lassen.

Es gab also diesen späten Wendepunkt in meinem Leben, und auf diesem beruhen die einzelnen Texte und die darin enthaltenen Überlegungen des vorliegenden Buches. Damit deute ich auch bereits an, wie dieses Buch zu verstehen ist und wie es gelesen werden kann. Es geht hier um einzelne Texte, die ich nach übergeordneten Themen sortiert habe. Die einzelnen Texte bauen nicht logisch aufeinander auf, vielmehr entstand jeder für sich selbst, gleichwohl sind sie in den übergeordneten Kapiteln in eine Reihenfolge gebracht, die darauf beruht, dass zwischen ihnen ein gewisser Zusammenhang besteht. Da, wie kurz skizziert, die Aktivität des Geistes den Hintergrund für die Überlegungen zu allen Themen darstellt, werden bestimmte Themen und Überlegungen gelegentlich wiederkehren, aber in der Regel in einem spezifischen, neuen Zusammenhang, beispielsweise in dem der Klimakrise.

So ist also dieses Buch als ein Lesebuch zu verstehen, in dem immer wieder mal ein Aufsatz gelesen und über die Inhalte in den eigenen Überlegungen nachgedacht werden kann. Das Besondere dieser neuen Sichtweise ist, dass die Überlegungen, wenn sie sich als wahr und richtig erweisen lassen, immer auch als Mitteilungen von Gott an uns betrachtet werden können, was unseren Erkenntnissen, die zu Lösungen führen, eine viel höhere Bedeutung gibt.

Insofern der Geist Gottes in jedem Menschen wohnt, findet also ein Dialog zwischen dem eigenen Geist und dem übergreifenden Geist Gottes in jedem Menschen statt. Die Frage, die jeder für sich selbst beantworten muss, ist die, ob er bereit ist, die Idee, dass ein solcher Dialog in ihm stattfindet, zulässt oder nicht. Dazu möchte dieses Buch anregen.

Prolog

Einleitung

Über „Gott und die Welt" möchte ich mich hier nicht so allgemein verbreiten. Was mich in den vergangenen Jahren umgetrieben hat, betrifft mein gesamtes Denken. Dieses geht aber immer von meinem Verhältnis zu Jesus und Gott aus. Ein Gespräch zu diesem Thema ist bei vielen Menschen meist nur eine oberflächliche Unterhaltung. In dem Thema steckt allerdings wesentlich mehr.

In unserem kleinen Dorf in Ostwestfalen war alles noch so einfach geregelt. Wir gingen zur Schule, erlernten einen Beruf und hatten unser Tun. Am Sonntag waren Ruhetag und Gottesdienst. Wer in die Kirche ging, galt schon von vornherein als ein „guter Mensch". Auch ich musste während meiner Schulzeit regelmäßig sonntags in die Kirche und anschließend am Mittagstisch darüber berichten. Durch den Pfarrer ist die christliche Botschaft von Gott und Jesus überall im Dorf unters Volk gekommen, allerdings immer recht oberflächlich. So könnte ich jetzt auch weiter über Gott und die Welt reden, wenn da nicht etwas passiert wäre, das wirklich alles auf den Kopf gestellt hat. Auf die Frage, was nach dem Tode passiert, gab es plötzlich eine brauchbare Antwort.

In früheren Zeiten war das Gespräch über Gott damit zu Ende, dass die Ungewissheit über den Himmel und die Zeit nach dem Tod einfach keinen konkreten Hintergrund hatte, es war ja noch keiner wieder zurückgekehrt, der aus dem Himmel berichten konnte. Die christliche Botschaft aus dem Neuen Testament enthält zwar bei genauerem Hinsehen ein umfangreiches Regelwerk zu dem, was gottgefällig ist und was nicht. Der springende Punkt war aber, wie heute auch noch, die Frage, wie es nach dem Tode weitergehen könnte. Unsere Kirchen haben sich auf eine Auferstehung am Jüngsten Tag festgelegt. Das ist jedoch nur eine ferne Aussicht und hat auch sonst wenig Attraktivität. Es war zu viel Glauben mit im Spiel. Der Brief des Paulus an die Korinther im Kapitel 14 „So halten wir es denn dafür, dass der Mensch gerecht werde allein durch den Glauben" hat zwar durchweg verbale Zustimmung gefunden, aber was Glauben bedeutet, habe ich in meinem langen Leben nicht verstehen können. Die Unsicherheit darüber, was nach dem Tode passiert, hinterließ bisher ein schwarzes Loch, das durch den Glauben nicht aufgehellt werden konnte. Die Ablehnung, ein Gespräch über Gott weiterzuführen, endete dann auch immer in dem Satz: „Es ist ja noch niemand wieder zurückgekommen, der uns erklären könnte, wie es denn war".

Die große Wende ist jedoch jüngeren Datums: Da ist Jesus, der von sich erklärt, er habe schon vor Abraham gelebt und nach dem Tod an der Seite seines *Abbas* – an der Seite Gottes – zugebracht und sei von dort wieder auf die Erde zurückgekehrt. Ausgerechnet diese Wahrheit ist in unseren christlichen Kirchen nicht verstanden worden. Hier müsste es sich doch lohnen, mal genauer nachzuhaken. Der Evangelist Lukas berichtet von der Geburt Jesu im Stall zu Bethlehem und seiner prophetischen Tätigkeit bis zu seinem Tode am Kreuz und seiner Himmelfahrt. Die Evangelien erzählen auch von einer Botschaft, aber im Grundsatz ist davon in der christlichen Lehre nur all das enthalten, was die Menschen vor zweitausend Jahren mit ihrem damaligen Verständnis aufnehmen konnten, und das waren hauptsächlich die Wundertaten und die Heilungen unseres „Heilandes". Die ganze Bedeutung der Botschaft Jesu ist erst durch seine authentischen Worte an seine Jünger ans Licht gekommen. Er hatte Wert darauf gelegt, die Kernsätze seiner Mission in Versform seinen Begleitern fest ins Gedächtnis zu schreiben. Genau die Übersetzung, dessen, was Jesus als Wahrheit verkündet hat, ist uns jetzt erst zugänglich. Dem Pfarrer Günther Schwarz aus Hannover ist es gelungen, diese Glaubensgrundsätze Jesu in die Sprache, die er auf der Erde benutzt hat, das Aramäische, zurückzuführen und von da aus für uns zu übersetzen. „Was Jesus wirklich gesagt hat", wie Franz Alt es in seinen Veröffentlichungen nennt, ist der Rettungsanker, um mit Gott und Jesus wieder zusammenzukommen.

Beim Lesen dieser authentischen Worte Jesu erscheinen mir diese Sätze schon von vornherein als eine Erlösung. Man hat sofort das Gefühl, die Wahrheit zu erfahren, und diese stammt ja auch Wort für Wort von seinem *Abba* (Gott), so wie es Jesus selbst immer gesagt hat. Gleichzeitig muss man aber eine Hürde überwinden, wenn man das Wort „Geist" liest und versucht, seine Wirkung zu begreifen. Einfach gesagt „Gott ist Geist", der „Mensch ist Geist" und sein „Geist ist das Selbst". Mit dem Geist als Ausgangspunkt allen Verstehens geht es aber nicht direkt hin zu der ganzen neuen Wahrheit. Geist ist für uns zunächst nur ein Spiel mit den Gedanken. Er erscheint spontan völlig fremd platziert.

Die neuesten Erkenntnisse im physikalischen Bereich, welche die Wissenschaft beschäftigen und die unter Berücksichtigung der

Kraft des Geistes auch das Verhältnis zwischen Gott und seiner Schöpfung regulieren, sind zunächst schwer zu begreifen. Der Geist öffnet sozusagen plötzlich alle Kanäle zwischen unserem Gott und unserer eigenen Struktur, nämlich dem, was wir dann als unser Selbst, als unseren wirklichen Kern, erkennen werden. Diese „direkte" Verbindung zwischen Gott und uns ist ja auch nur über das Medium des Geistes denkbar.

Diese Vorstellung von Geist ist uns insbesondere deswegen noch nicht so geläufig, weil wir sie mit unserem Verstand bisher als unsere eigenen Gedanken bezeichnet haben. Die Gedanken sind der Treffpunkt zwischen dem, was unser logischer Verstand produziert, um einen Plan für die nächsten Aktionen zu schmieden.

An der Stelle, wo die Gedanken entstehen, erfahren wir zunächst, ohne die Quelle zu kennen, auch das, was unser Geist mit uns vorhat. Wir brauchen vor dem Geist keine Angst zu haben, es reicht, bildlich gesprochen, wenn wir das Lied „Die Gedanken sind frei" vor uns hinsummen.

> Die Gedanken sind frei!
> Wer kann sie erraten?
> Sie fliehen vorbei
> wie nächtliche Schatten.
> Kein Mensch kann sie wissen,
> kein Jäger erschießen,
> es bleibet dabei:
> Die Gedanken sind frei!

Unsere Gedanken brauchen wir – sozusagen als einen Plan für das, was wir gerade in unserer menschlichen Freiheit vorhaben. Auf der gleichen Wellenlänge bekommen wir dann allerdings ohne Anforderung auch einiges über „Gut und Böse" mitgeteilt. Diese Hilfe von außen nehmen wir zunächst gar nicht einzeln wahr. Sie stellt sich später aber als tragende Säule für das Gesamtergebnis dar. Sie ist das, was Jesus als unser *Sein* bezeichnet, anders ausgedrückt, wir sind das, was der Gott-Geist in uns bewirkt.

Zu dieser Feststellung bedarf es eines kleinen Rückgriffs auf die Entstehung unseres Universums. Nachdem Raum und Zeit geschaffen waren, wurde eine Energiewolke in den Raum geblasen, aus der all das entstanden ist, was unsere Astronomen mit ihren Fernrohren so zu sehen bekommen. Die Energiewolke ist geklumpt und hat sich verteilt. Das Klumpen geschieht durch die Gravitation und erzeugt den Druck im Innern, woraus wiederum die hohen Temperaturen entstehen, die dann immer wieder mal Explosionen hervorbringen. Diese Vorgänge über Milliarden von Jahren haben auch das Sonnensystem und die Erde in der jetzigen Verfassung entstehen lassen. Was uns betrifft, hat der Schöpfer dieses ganzen Vorgangs sich etwas Besonderes einfallen lassen.

Das sind unser Sonnensystem mit den Planeten der Erde und eine Idee, die es nicht überall gibt. Hier ist eine Form der Energie entstanden, die wir heute als Leben bezeichnen. Sie gilt im Universum zunächst einmal als eine Ausnahme. Das kann man dann wohl auch von der Entwicklung des Lebens hin zu den Geschöpfen, die wir heute als Menschen kennen, sagen. Wir sind gewohnt, aus den Erfahrungen mit unserer Umgebung alles Bedeutende als Materie zu definieren, das ist, wie uns die Wissenschaft lehrt, aber nur das, was wir anfassen können. Unser Verstand entwickelt beispielsweise – für uns auch nachvollziehbar – das Phänomen des kontrollierenden und planenden Geistes.

Der Geist erscheint uns so unwirklich wie ein Traum in der Nacht. Aber ganz genau an dieser Stelle, so müsste man sagen, da scheiden sich die Geister. Die kleinsten Brocken an Energie (die Quanten), haben keine physikalische Größe um sich, die sich bewegt, aber sie tanzen ihre Figur auf den Monitoren ihrer Forscher. Nach der Kopenhagener Deutung haben alle Teilchen eindeutige Eigenschaften, solange sie sich messen lassen, aber keine, wenn sie nicht beobachtet werden. Die Forscher nennen das eine geistige Wirkkraft oder wissenschaftlich das EPR-Paradoxon. Das würde bedeuten, sie gehorchen einem Geist. Auch Jesus sagt, dass Gott Geist sei. Dann ist der Geist auch das, was wir immer Gott genannt haben. Eine weitere Erkenntnis der Wissenschaft geht dahin, dass alles Materielle und alle aus Energie sich bildenden Formen auf die gleiche Weise zustande kommen wie die Quanten. So kann man ganz locker formulieren: Gott ist überall, er delegiert die Welt aus den allerkleinsten Bestandteilen heraus und schafft, *alles* zu kontrollieren, zu dirigieren und neu zu schaffen. Das, was wir früher als einen alten Mann mit Bart verstanden haben, entpuppt sich plötzlich als ein kreativer Hintergrund für schlechthin *alles*. Das ist bald nicht auszuhalten, dass wir schlauen Köpfchen in einem solchen Meer von Geist unsere Existenz feiern, aber im Grunde gar nicht wissen, mit wem wir es zu tun haben.

Die Einmischung unseres Gott-Geistes halten wir zunächst für einen Teil unserer Gedanken. Erst in neuerer Zeit gibt es, auch von der

Wissenschaft her, Einsichten, die am Ende dem Anteil des Geistes die größere Bedeutung zumessen.

Der Weg in die Geisteswelt führt also über viele Erkenntnisse, die uns nach zweitausend Jahren durch die Forschung und Entwicklung in die heutige Zeit gebracht haben. Das Wort von Jesus zum Geist Gottes war vor 2000 Jahren unverständlich und ist erst in neuerer Zeit durch Definitionen der Wissenschaft den Menschen verständlicher geworden. Auch Gott hat einen Plan für das, was er mit uns Menschen auf diesem Planeten vorhat, und dazu gehört die für viele völlig neue und uns nicht gerade geläufige Trennung des Menschen in seine beiden Seiten, die biologische Hülle und den Gott-Geist.

Das, was also so locker in Form von „Gott-und-die-Welt-Reden" bekannt ist, ist inhaltlich sehr umfangreich. Lasst uns doch mal auf diesen Weg gehen und erforschen, ob er zum Ziel führen könnte.

Das fängt an mit dem universellen Begriff des Seins. Zu dem Sein gehört nicht alleine das, was wir sehen und anfassen können, sondern auch das, was uns bisher noch gar nicht bewusst geworden ist. Jesus sagt: Wenn ihr doch nur euer Sein verstehen würdet. Günther Schwarz hat aus dem Aramäischen Zitate, die zu Jesu zurückgehen, ins Deutsche übersetzt, die dann Franz Alt in seinem Buch „Die 100 wichtigsten Worte – was Jesus wirklich gesagt hat" eingebracht und zusammengefasst hat. Im 21. Zitat liest man: „Wie Abba hat sein Leben in seinem Selbst, so hat er mir gegeben Leben in *meinem* Selbst." Er meint damit den Geist in uns. Hier schließt sich dann gleich die nächste Stufe an, d. h.,

„Geist" ist auch die Bezeichnung für den „Stoff", aus dem alles besteht, für die Materie.

Weil wir den Geist nicht unmittelbar verstehen können, müssen wir uns zunächst ersatzweise mit dem Stoff als Verständnisbrücke zufriedengeben. Durch die Aussage Jesu zum Geist Gottes verliert unsere Vorstellung von Gott alles Bildliche. Wir müssen das Phänomen beachten, es zunächst hinnehmen, aber mit etwas Geduld kann es nach und nach zur Gewohnheit werden, Gott als Geist zu verstehen. Die universelle Bezeichnung „Gott-Geist" ist dann sogar der Schlüssel für das Wirken Gottes. Das Wort „Gott" können wir auch getrost beibehalten, weil es auch heute schon noch im Sinne von „allumfassend" definiert ist, was auch den neuesten Forschungen zumindest nicht widerspricht. Ganz anders sind die Worte von Jesus, sie sind bildlich, verständlich und einprägsam, dafür ist er ja auch schließlich herabgestiegen zu uns Menschen.

Die folgenden Kapitel sollen dazu dienen, diese uns noch so fremde Materie verständlich und logisch zu machen. Zum derzeitigen Zustand des Christentums bemerkte Pfarrer Schwarz: „Das meiste von dem, was die Christenheit glaubt, hat Jesus nicht gelehrt, und das meiste von dem, was Jesus gelehrt hat, weiß die Christenheit nicht." Damit soll jetzt endlich Schluss sein!

Am Anfang in Oberlübbe

Meine 85 Jahre wurden von Beginn an bis heute von Gott begleitet. Von Anfang an spielten die Zehn Gebote und andere Vorschriften aus der Bibel eine wichtige Rolle. Bei meiner Geburt kurz vor dem

Zweiten Weltkrieg war in unserem beschaulichen Dorf in Oberlübbe schon so manches in Unruhe geraten. Wir wurden alsbald von der übrigen Welt eingeholt. Soldaten wurden zu den Waffen gerufen und Handwerker zum Arbeitsdienst verpflichtet. Der Nationalsozialismus trat an die Macht und machte sich auch bei uns bemerkbar. Mein Vater wurde in den Arbeitsdienst nach Ostpreußen zum Bau der Wolfsschanze für den Führer gerufen. Um ihn nicht zu verlieren, fuhr seine langjährige Jugendfreundin ihm hinterher. Bei diesem Besuch wurde ich gezeugt. Dies ist meiner Mutter nicht gut bekommen. In Oberlübbe, dem Dorf meines Vaters, hat man das als unsittlich empfunden. Nach meiner Geburt und der Heirat meiner Eltern standen dann in dem Elternhaus meines Vaters zwei Zimmer frei, die für uns vorgesehen waren. Diese waren bis zu meiner Geburt von meinem Großvater Friedrich August Gottlieb Haake belegt. Meine Oma hat mir regelmäßig berichtet, welch ein großartiger Mensch er für sie gewesen ist. Diese Lobpreisungen sind mir erst viel später durch meine Tante erklärt worden, die auch noch in der Familie zu Hause war. Die Oma hatte berichtet, dass Gottlieb wusste, dass meine Mutter schwanger war und er deshalb die zwei Zimmer in seinem Haus für sie und das Baby räumen wollte.

Ich bin am 07. Juni geboren, und er ist am 19. November gestorben. Das Märchen von meiner Oma, ich sei sein Nachfolger, konnte ich nicht nachvollziehen. Selbst dann noch, als ich sie mit meiner Frau und meinen Söhnen besuchte, berichtete sie ihnen, dass, wenn sie mich so reden höre, sie sofort an den Alten erinnert werde. Er hatte ihr angeblich auch versichert, dass er für die neue

Familie sofort die Wohnung freimachen wollte. Er habe nun lange genug gelebt und wäre dann wieder in guten Händen. Bei dem Weihnachtsurlaub meines Vaters sind wir von meinem Geburtshaus der Eltern meiner Mutter in das Nachbardorf Oberlübbe umgezogen. So war es im Einvernehmen mit Uropa auch vorgesehen.

An dieser Stelle meines Lebens bin ich dann aber auf das später so bedeutsam werdende Wort „Seele" gestoßen worden. Meine Oma hat wie selbstverständlich von ihrer Seele gesprochen. Sie sagte, Gottlieb hätte dann ja auch nach seinem Tod mit seiner Seele eine neue Heimat (nämlich in dem Baby) gefunden. Während meiner Schulzeit konnte ich nichts mit dem Begriff anfangen, und auch meine Mutter winkte ab, weil sie selbst eine andere Vorstellung von der Zeit nach dem Tode hatte.

Sie legte großen Wert darauf, bei der Beerdigung mit dem Blick nach Osten begraben zu werden, um am Jüngsten Tag Jesus im gleißenden Licht aus dem Osten sofort erkennen zu können. Diese Version über eine Auferstehung stand im krassen Widerspruch zu der Vorstellung meiner Oma „Mich braucht ihr nicht beerdigen, mich könnt ihr ruhig unaplögen unterpflügen, H. H.]. Wenn ich sturben bin, bin ick safort wie Jesus in Himmel." Heute weiß ich um die Bedeutung zwischen einer Auferstehung und einer möglichen Wiedergeburt. Mich bewegen diese Dinge noch sehr, besonders jetzt, da meine Gedanken durch die authentischen Worte Jesu exakt in die gleiche Richtung gehen. Ich habe jetzt auch begriffen, dass unser Weg nicht allein durch unser eigenes Bewusstsein bestimmt wird, sondern auch durch Ereignisse, die weit vor unserer Geburt stattfanden, geprägt ist.

Aus der Zeit, als ich sonntäglich in die Kirche ging und dann am Mittagstisch von der Predigt des Pfarrers berichten musste, ist mir ein Vorgang im Gedächtnis geblieben. Ich hatte ständig vor dem Beginn der Mahlzeit einen weiteren Stuhl an den Tisch gestellt und dies damit begründet, dass wir Jesus bei dem Tischgebet „Komm Herr Jesu, sei unser Gast", gebeten hatten, zu uns zu kommen. Doch Oma hat mir immer wieder erklärt, dass es nicht nötig sei, Jesus sei doch längst wieder im Himmel und dadurch sei er sowieso überall und würde auch bei den anderen Familien, die das Tischgebet sprechen, gleichzeitig sein können. Das war die wesentliche Brücke, die mich in die neue christliche Lehre des Jesus eingeführt hat. Es ist mir jedoch immer ein Rätsel gewesen, woher meine Oma diese Vorstellungen hatte. Heute möchte ich fast vor Freude weinen, weil ich sehe, dass mein Gott mich damals schon an die Hand genommen hat.

Lange Zeit, bevor ich beruflich aus dem Dorf aus Ostwestfalen in die Großstadt Kassel kam, hatte ich die größten Schwierigkeiten des Versuches, zu verstehen, was die geistige Identität der Menschen ausmachen könnte, bereits verinnerlicht. Die Zugfahrt in das Ungewisse war allerdings mit vielen Gebeten ausgefüllt. Das Beten vor dem Einschlafen war mir schon selbstverständlich geworden. Ich war gerade mal vier Stunden in Kassel, als ich beim Aussteigen aus der Straßenbahn eine junge Frau ansprach, die mit mir dann ein Zimmer gesucht hat. Sie ist heute seit über 60 Jahren meine Frau. Meine Gebete während der Zugfahrt wurden mehr als erfüllt, dessen war ich mir auch gleich bewusst. Das war ja auch nicht das erste Mal.

Aus der Zeit nach der Schule und Lehre gibt es etwas ganz Konkretes zu berichten. Das erscheint mir allerdings im Nachhinein so unwirklich, dass ich hier von Engeln reden möchte. Engel spielen in der Botschaft Jesu sogar eine besonders große Rolle. Nun aber von vorne. Es geht zwar um Engel, aber zu Hause sah die Welt für mich etwas anders aus. Es ist mir bei meinem Vater nicht so gut gegangen. Durch die Abwesenheit in der Kriegszeit hatte mein Vater keinen Kontakt zu mir. Er hatte mich nie als seinen Sohn anerkannt und deswegen war meine Bindung zu meinem Vater nicht so stabil. In dem Zusammenhang muss ich Vaters Bruder erwähnen, der sich ganz anders verhielt.

Er galt schon seit langem als ein Gutmensch, weil er ohne Umstände den zahlreichen evakuierten und später auch den aus den Ostgebieten vor den Russen geflüchteten Menschen unauffällig und praktisch in jeder schwierigen Situation half. In meiner Lehrzeit kam mir seine Hilfsbereitschaft besonders zugute. Er hat z. B. mit mir zusammen ein kleines Einfamilienhaus in den Rohbau gebracht. Etwas Besseres kann einem Maurerlehrling gar nicht passieren. So ging es dann aber auch immer weiter. Am Ende der Lehre kam der Berufsschullehrer auf mich zu und sagte: „Willst du denn im Ernst in dem Geschäft von deinem Vater weitermachen? Ich würde dir empfehlen, mit der Gruppe, die sich da gebildet hat, am Montag nach Kassel zu fahren. Dort gibt es eine Staatsbauschule, die die Bewerber sofort aufnimmt, wenn sie denn die Auswahlprüfung bestehen." Das Wissen für die Aufnahmeprüfung hatte ich nicht unmittelbar in der Schule vermittelt bekommen, sondern von meinem Onkel, dem Lehrer. Er hat intensiv um meine Tante geworben. Er umwarb sie als junge Frau einer Laienspielgruppe bei einem Theaterstück. Um in ihre Nähe zu kommen, hat er mir wochenlang Unterricht in Mathe und Physik erteilt. Deshalb konnte ich die anspruchsvollen Aufgaben in der Aufnahmeprüfung locker lösen. Das Ergebnis war, dass meine Mutter dann eine Woche später aufgeregt zur Baustelle kam und mich fragte, was ich denn wieder ausgefressen hätte, ich solle am ersten März nach Kassel kommen und dort meinen Dienst antreten. Diese Möglichkeit, die damals noch Staatsbauschule genannte Institution zu besuchen und sie mit dem Dipl.-Ing. abzuschließen, war für mich der Zugang zu einem neuen Leben.

Meine Oma hätte hier wahrscheinlich von den Engeln gesprochen, die uns auf dieser Welt ständig beiseitestehen, um uns zu helfen. Dann waren meine Engel aber neben meiner Oma auch mein Onkel, der Lehrer, mein Onkel Willi, Vaters Bruder, mein Berufsschullehrer und in Kassel dann sofort auch Waltraud, meine spätere Frau. Mir brummt der Schädel, denn es ist so auch immer weitergegangen. Meine Engel waren überall. Das ist mir in späteren Jahren erst richtig bewusst geworden, als Jesus unter der Überschrift „Der Himmel ist offen" öfter von Engeln spricht, seine Worte haben dann später Schreiber bzw. Redakteure mit Überschriften versehen, eine davon ist „Der Himmel ist offen", die mich explizit gut anspricht. Er hat die Engel nicht wie in den christlichen Bildern mit weißen Gewändern und Flügeln als Vögel beschrieben, sondern als konkrete Hilfen in den Menschen und für die Menschen auf der Erde, die aber, wie alles andere auch, von Gott geschickt wurden.

Während meiner Zeit in Kassel hat sich, besonders durch die berufliche Tätigkeit, das Feld meiner Wahrnehmungen gegenüber dem meiner Schulzeit erheblich ausgeweitet. Mein Verhältnis zu Gott hat sich stabilisiert. Wir waren weiterhin mit der evangelischen Gemeinde meiner Frau verbunden. Mein Sohn hatte das Orgelspiel erlernt und begleitete die Gottesdienste in der Kirche und in einem Altenheim. Durch den Beruf und mit zunehmendem Alter weiteten sich die Ereignisse geographisch und sachlich immer weiter aus, und ich kann nun die Geschehnisse mit meinem Gott in Einklang bringen. Dies ist jedoch wahrlich nicht einfach gewesen und es ist mir auch bis heute noch nicht vollständig gelungen. Ich begreife aber allmählich, dass ich nicht berufen bin, die Welt zu retten, sondern dass mein Gott sich um mich bemüht. Daraus entsteht die große Erleichterung, sich aus den Problemen des Planeten zurückziehen zu dürfen und mich auf die Menschen um mich herum und auf mein eigenes „Seelenheil" zu konzentrieren. Zurückziehen ist da natürlich leichter gesagt als getan, denn wie es denn so ist: Ich kann das Philosophieren nicht lassen. Dabei ist mir das Buch von Gerd Scobel mit dem Titel in den Sinn gekommen: „Warum wir philosophieren müssen". Wir leben ja auch nicht alleine auf diesem Planeten.

Hin zu Jesus

Diese Erkenntnis ist wohltuend und auch erforderlich, um sich auf die große Umstellung vorzubereiten. Die Unruhe in uns lässt zu wenig Platz für ein Nachdenken über das Ganze. Sozusagen über alles, über Gott und die Welt. Die täglichen Sendungen in der Tagesschau liefern eine solche Fülle an Schreckensmeldungen, dass man sich am liebsten in ein Schneckenhaus zurückziehen möchte. Damit erreicht man natürlich auch nicht viel. Allerdings einfach irgendeine spontane Meinung herauszublasen, gibt einem zwar das Gefühl von Freiheit, führt aber auch wiederum zu nichts. Es ist uns Menschen in dem Rahmen, in dem wir uns bewegen können, fast jede Freiheitsgestaltung gegeben. Wir sind auf unserem Planeten sozusagen die Krönung der Schöpfung. Aber auf der anderen Seite verdunkelt sich das Leben auf der Erde. Die Entwicklungen überschlagen sich förmlich und es sind keine „Schwarzmacher", die schon von einem Ende des Lebens auf unserem Planeten reden.

Die Warnungen vor solchen sich überschlagenden technischen Entwicklungen steht schon am Anfang der schriftlichen Aufzeichnung über eine Gottheit. Wie hat denn das eigentlich alles begonnen? Adam und Eva sollten nicht vom Baum der Erkenntnis essen, und diese erste Sünde war sozusagen der Anfang vom Ende. Es ist aber bestimmt unsinnig, darüber zu philosophieren, denn es steckt heute ganz vordergründig in allen Menschen drin, dass alles durch die Erkenntnisse bequemer, besser und leichter geworden ist. Bei der Betrachtung all der unerträglichen Entwicklungen, z. B. der Klimakatastrophe und der Unverträglichkeit der Menschen untereinander, stellt sich eine generelle Hilflosigkeit ein. Wenn sich bei dieser Gelegenheit unsere Gedanken dann aber bei unserem Schöpfer, bei Gott, wiederfinden, muss das ja kein

Fehler sein. Unsere Vorstellung von Gott ist heute nicht mehr die eines alten, bärtigen Mannes in einem Lehnstuhl weit hinter den Wolken. Da hat uns nicht nur Jesus die Wahrheit verkündet, sondern unsere Welt sieht heute auch anders aus als zur Zeit Jesu. Unsere Verständigung mit Gott entsteht vielmehr zum einen aus einer persönlichen Beziehung zu diesem Wesen und zum anderen nehmen wir – parallel zu den Erkenntnissen der Wissenschaft – eine universale Wirkkraft wahr, die bis in die erforschten Teile den Dingen zugrunde liegt. Die neuen Entwicklungen und Erkenntnisse sind schwindelerregend.

Die Erde und das Sonnensystem bestehen schon seit ca. 4,5 Milliarden Jahren. Nach einer Abkühlung über einen Zeitraum von etwa einer Milliarde Jahre ist auf unserem Planeten das Leben entstanden. Die ältesten Überbleibsel von Menschen, die ausgegraben wurden, stammen aus einer Zeit, die etwa 6 Millionen Jahre zurückliegt. Das überfordert unsere Vorstellungskraft und wir sollten uns bemühen, Rat von höherer Stelle zu holen. Nur, wie sind wir dorthin gekommen, dass sich alle Welt von Gott abwendet und das Leben auf dem Planeten von uns bedroht wird? Wir haben wohl die falschen Vorstellungen von Gott.

Durch die Arbeit von Pfarrer Günther Schwarz und die Bemühungen seines Sohnes Jörn Schwaz entstand das Buch „Das Jesus-Evangelium". Aus diesem Buch hat Franz Alt dann die seines Erachtens 100 wichtigsten Zitate von Jesus zusammengetragen und sie kommentiert. Dies ist eine gut „korrigierte Einheitsübersetzung", die wirklich dieses Wort verdient. Die 100 wichtigsten Worte von Jesus sind der beste Einstieg in das Thema. Ich habe es mir angewöhnt, das Buch von Franz Alt mit dem Titel „Was Jesus wirklich gesagt hat" als *Regelwerk* zu bezeichnen. Und so haben wir es jetzt authentisch „schwarz auf weiß", dass unsere Bibel veraltet ist. Sie stammt aus einer Zeit, als der Erkenntnishorizont noch wesentlich enger war. Es ist für die meisten Menschen ein Hammer, dass wir eine direkte Verbindung zu unserem Gott-Geist haben und dass, wie Jesus bereits sagte, das Reich Gottes auf der Erde schon begonnen hat.

Diese Umwälzungen lassen sich nicht so bei einer Tasse Tee mal eben inhalieren. Aus den authentischen Predigten von Jesus ergibt sich eine völlig neue Welt, die Kommunikation mit Gott ist möglich geworden. Aber wie Jesus sich eine heile Welt vorstellt, das können wir nicht so ohne Weiteres verarbeiten. Die christlichen Vorstellungen sind zwar nicht absolut neu, aber Jesus hat sie so konsequent formuliert, dass wir uns dem neuen Regelwerk nur langsam annähern können. Das alte Neue Testament ist in den Berichten der Evangelisten fast vollständig ausgefüllt mit der Tätigkeit Jesu und mit seinen täglichen Wanderungen im alten Judäa. Dort wird aber nicht deutlich, welche große Neuerung die „Wahrheit" Jesu bedeutet, die auf dem Satz aufbaut „Gott ist Geist" und „Menschen sind Geist". Im Gegenteil stehen in den Berichten der Evangelisten die Wundertaten des Heilands Jesus im Vordergrund, und die Geschehnisse stehen in Zusammenhang mit den tausenden Menschen, die dem Heiler Jesus folgten. Die Briefe der Apostel und andere Ausarbeitungen haben mich jahrelang irritiert, vor allen Dingen, weil ich mit dem Wort „Glauben" nichts anfangen konnte. Dazu später mehr.

Geist und menschlicher Geist

Der Geist und die materielle Hülle

Als ich in die Bücher von Franz Alt eingedrungen bin, hat das mein Denken und wohl auch mein Leben auf den Kopf gestellt. Ich war, wie alle Menschen, ausgerichtet auf ein „gutes Leben", und dabei war ich schon zufrieden, wenn mir keine unliebsamen Dinge in die Quere kamen.

Was Jesus wirklich gesagt hat, war ja nicht die kleine religiöse Aufmunterung, sondern eine Neufassung des Seins. An dem Punkt hat Jesus die Vorstellungen so radikal erweitert, dass ich jetzt schon jahrelang daran arbeite, die alten Bilder im Kopf verblassen zu lassen und, wie Jesus sagt, die Fackel in die Hand zu nehmen, um immer und immer wieder Teile des Denkens und der gesamten Welt anders zu sehen. Der langen Rede kurzer Sinn liegt in dem Wort „Geist" begraben. „Geist" war bislang äußerstenfalls etwas wie Omas Seele, also in Wirklichkeit unwirklich. Der Geist ist aber nicht nur Steuerungsinstrument für das Leben, sondern auch das allumfassende Medium für die materielle Existenz und für alles, was mit dieser Materie passiert, verantwortlich.

Bei der Schaffung des Universums (Urknall) mussten Raum und Zeit für dieses „Projekt" geschaffen werden, und es musste ein dickes Paket an Energie zur Verfügung stehen, entsprechend dem Grundsatz: „Aus nichts kommt nichts". Wir müssen hier so richtig schön religiös auf Gott verweisen, der wohl einige Dimensionen höher angesiedelt ist als unser Verstand. Hier kommt Jesus daher und sagt: „Gott ist Geist".

An dieser Stelle musste ich meinen Maurerverstand verlassen und versuchen, mich in den Gefilden des Geistes umzusehen und nach Greifbarem zu suchen. Das ähnelte zunächst eher einem Ertrinkenden, der zu der Rettungsboje schwimmt. Irgendwann kam dann jedoch der Entschluss, es andersherum anzugehen und zu sagen: „Gut, da ist der Geist, irgendwo unsichtbar, und er muss für alles herhalten, was sich in unserem Verstand nicht abbilden lässt."

Dann brachte mir aber das Lesen erneut etwas: Die Literatur, die mir weitergeholfen hatte, war ein weiteres Mal „Was Jesus wirklich gesagt hat". Gott ist Geist, das quittiert man sehr schnell als: „Ja, was denn sonst?" So schlicht steht es ja auch schon bei den Evangelisten und auch im Zentrum der Jesusbotschaft. Seit der Zeit Jesu haben unsere Wissenschaftler und die professionellen Denker ja nicht geschlafen. Sie kommen leichtfüßig dahin, wo sie Ursache und Wirkung nicht mehr zusammenbringen, eine zwischenmaterielle Wirkkraft zu installieren. Die Schöpfung fängt damit an, dass aus dem Nichts eine Energie für alles im Universum bereitsteht (was man auch als geistige Wirkkraft bezeichnen kann).

Die Energie besteht aus kleinsten Teilen, den Quanten. Diese finden sich zusammen in Atomen. Die Atome sind in ihrer Vielfalt das Grundgerüst für Moleküle und führen dann zu dem großen Ziel für uns auf der Erde, das Leben zu beginnen. Die einzelnen Vorgänge dazu lassen sich von den Wissenschaftlern erklären, aber sie brauchen ständig die Hilfskonstruktion – die Triebkraft liegt in der geistigen Wirkkraft. Diese Wirkkraft stammt eben nicht nur von Jesus und seinen Reden oder Ideen, sondern auch von dem Trieb unserer Forscher, die nach Erkenntnis streben und forschen. In einem gewissen Sinne ist es eine Begegnung, sozusagen die Auseinandersetzung mit „Gott ist Geist" auf Grundlage der Ergebnisse der Quantenforscher, die zu einer Übereinstimmung kommen. Dies war die gewaltige Erlösung in meinem Kopf. Ist es nicht wunderbar, dass wir mit unserem „Christentum" der aktuellen physikalischen Forschung vorausgeeilt sind?

Obwohl es, wie am Anfang unseres Alten Testamentes anhand des Beispiels von Adam und Eva beschrieben, von Gott nicht gern gesehen wurde, dass diese vom Baum der Erkenntnis aßen, weshalb sie aus dem Paradies vertrieben wurden, haben die Menschen mit ihrem biologischen Gehirn trotzdem überall nach Ursache und Wirkung geforscht und dazu Erklärungen formuliert. Dieses ganze undurchschaubare Theater hätten wir uns ersparen können, wenn jemand Adam und Eva erklärt hätte, wie einfach die Geschichte ist. Denn es wurde von Jesus festgestellt: „Gott ist Geist", „Der Mensch ist Geist" und „Hinter allen Vorgängen steckt der Geist." Dies hört sich jetzt sehr plump an. Die Handhabung wird sehr einfach. Was zunächst unfertig klingt – nämlich die Feststellungen „Gott ist Geist" und „Mensch ist Geist" – passt dann wieder zusammen, wenn man den Menschen wie zwei Individuen beschreibt, einmal mit der geistigen und einmal mit der biologischen Ausprägung. Entsprechend ist dann der „Gott-Geist" der gleiche wie das, was beim Menschen der geistige Teil ist. Jesus weist dann bei allen praktischen Fragen auf den Geist hin, und er sagt in seinen Reden zu seinen Jüngern: „Gott ist Geist, und die ihn anbeten, die müssen ihn im Geist und in der Wahrheit anbeten." (Johannes 4,24) Unser tägliches Leben führt nicht, automatisch geleitet von unserem Geist, direkt in die himmlischen Gefilde, sondern der Gott-Geist in uns berät uns. Das geschieht aber nicht dadurch, dass er lauter schreit, als all die anderen, die auf uns einwirken, sondern er ist darauf angewiesen, dass wir zur Ruhe kommen. „Dann können wir eine Stimme hören ..."

Das Sein

Als ich beim Lesen der Worte „Was Jesus wirklich gesagt hat" von Franz Alt langsam die Bedeutung des Geistes erkannte, fand ich über Jahre hinweg keine Ruhe. Doch schließlich wurde mir das Zusammenspiel zwischen Geist und Verstand ganz selbstverständlich, da ich durch *Abba* zahlreiche Hilfen in meinem Leben erfahren durfte. Das allmählich entstandene Vertrauen zu *Abba* hat bewirkt, dass ich das „*Sein*" in mir als zentrale Stelle erkenne. Mein *Ich*-Bewusstsein ist heute bereit, die Dominanz des geistigen *Seins* zu akzeptieren.

In der Nacht kommen mir ständig Vorstellungen in den Sinn, die sich nicht nur mit meiner Person, sondern auch mit der Wirkung auf meine Umgebung oder sogar die ganze Welt beschäftigen. Ich schwärme förmlich davon, dass unsere Gesellschaft von ihrer *Ego*-Krankheit hätte befreit werden können, wenn sich die Botschaft von Jesus vor 2000 Jahren direkt über alle Menschen ausgebreitet hätte. Die Wirklichkeit ist jedoch eine andere. Der Schlüsselbegriff des Geistes ist geeignet für eine umfassende Revision der Gesellschaft.

Zu der Erkenntnis, dass wir von unserem *Sein* geführt werden, gehört natürlich auch ein langwieriges Training jedes Menschen in seiner Einsamkeit, um die bisherige Dominanz unseres *Egos* zu verlassen. Wenn ich sehe, wie sehr die Menschen um mich herum auf ihr eigenes Fortkommen bedacht sind, kann ich nur noch um die Hilfe *Abbas* bitten.

Diese neue Welt, die mir vorschwebt, ist schlicht das, was sich meine Großeltern als den Himmel auf Erden gewünscht haben. Heute ist niemand mehr belastet von diesen „idealistischen Träumereien". Selbst wenn ich jetzt der einzige Träumer auf diesem Planeten wäre, würde ich es trotzdem nicht als Spinnerei empfinden.

Vor dem großen Wechsel von dem uns geläufigen *Ich* und *Wir* (Bio) hin zur Identität als Geist sollten wir uns einen neuen Sprachgebrauch zulegen. Das wird nicht einfach sein, denn das Ich ist an die sterbliche Hülle gebunden. Der Engel in uns ist dem Verstand völlig fremd; auch die Worte irritieren nur. Der Geist ist uns noch nie begegnet.

Wir müssen uns mit unserer Sprache weiter verständigen, solange wir leben. Dennoch sollten wir unseren Wortschatz für die Verständigung mit dem Universalgeist erneuern. Die Zwiesprache ist das Gedankenlesen. Wir können und müssen uns darauf verlassen (vertrauen), dass der Universalgeist uns alle in dem gleichen „Muster" führt und das auch nach seinem Willen tut. So werden wir unsere Gemeinschaftsarbeit mit dem Geist sozusagen im Geiste führen. Die Übersetzung der Geistessprache in unsere Sprache ist nicht mehr nötig. Mehr braucht unsere Gemeinschaft nicht. Die Quasselbuden haben ausgedient. Mit den Quasselbuden soll das Dilemma beim Namen genannt werden. Die Quasselbuden repräsentieren die Gesamtheit aller Institutionen, die auf unserem Planeten agieren, um in einem Konsens Lösungen zu finden – oder eben auch nicht zu einem Ergebnis zu gelangen. Der aktuelle Ablauf ist katastrophal. Im Gegensatz dazu bietet uns das Ideal, das unser Geist-Gott uns eröffnet, den Vorteil, dass wir alle dieselbe Antwort erhalten.

Wenn wir zusammenkommen, machen wir uns Gedanken darüber, was zu tun ist. Da braucht es keine Umsetzung für die Sprache der Bio-Hülle (des Verstandes). ... das wird eine neue Verständigung sein ... wie im Himmel!!! Dieses Ideal muss allerdings noch bearbeitet werden.

Die Sprache der Erdmenschen (Bio) wird sehr bald ein Ende haben. Das *Ego* entfällt. Das Verständnis muss nicht über die Verstehbarkeit des anderen erarbeitet werden, sondern ergibt sich lautlos. Das leistet der Geist in allen.

Mit dem neuen Menschen in einer neuen Welt auf der Erde wird es eine große Vereinfachung geben; die von dem Geist dominierten Gedanken übertragen sich dann wie von selbst auf den Verstand. Mir scheint dann die einfache Überschrift „Geist und Verstand" im Sinne des Universalgeistes/Gottes richtig platziert, indem unser Verstand zwanglos als die Hand Gottes gesehen wird.

Die Funktionen des Geistes in der Materie

Um die Bedeutung des Geistes zu erkennen, erscheint es gedanklich notwendig, unseren Körper mit seinem Verstand in den

Hintergrund zu stellen und die Erklärung in der Priorität des Geistes in uns und der Position unseres Gott-Geistes zu suchen. Als eine Vorübung scheint es mir hilfreich, an einem einfachen Beispiel die Stelle zu markieren, in der es um den Geist geht. Wenn wir etwas schriftlich mitteilen wollen, muss unser Verstand in Zusammenarbeit mit dem Geist die Gedanken formen. Diese Gedanken dann zu Papier zu bringen, haben wir in der Schule gelernt. Den Brief zu lesen, dazu ist der Adressat auch in der Lage. Der Verstand übersetzt ihm den Inhalt. Dann passiert aber etwas, was der Geist leisten muss: nämlich mit dem Verstand zusammen bei dem Leser wieder die Gedanken auszulösen, die der Schreiber mitgeteilt hat. Der Anteil des Inhaltes, der auf der Wirkung des Geistes beruht, ist nicht unmittelbar in dem Schreibtext sichtbar. In der Regel wird aber auch der Leser in diese Richtung angesprochen und übernimmt auch Mitteilungen des Schreibers, die er gar nicht in Buchstaben umsetzen kann.

Wir sind schlicht auf unseren Geist angewiesen. Mensch denkt, Gott (der Geist) lenkt. Das Denken übernimmt das Gehirn. Dabei bemerken wir aber in der Regel, dass wir unser „Programm" hinterfragen. Die Bedenken, die sich manchmal dabei ergeben, liegen immer im Bereich von Gut und Böse. Dieser Vorgang erscheint etwas unwirklich, manchem vielleicht auch an den Haaren herbeigezogen, aber mir ist es schon fast geläufig geworden.

Hier sieht es nun so aus, als ob der Geist eine Hilfsgröße ist. Klarheit entsteht aber, nachdem wir die Sache wieder auf die Füße stellen. Es ist unser Geist, der uns bei allen Abwägungen und Entscheidungen lenkt. Unser Geist übernimmt somit routiniert die

Aufgabe, die Energie in unserem Körper zu lenken. Dazu ist das Bewusstsein mit seinen Erfahrungen auch hilfreich, soweit es um die Planung geht. Unser Selbstbewusstsein ist nur ein Hilfsmittel für den biologischen Körper, sich gegen die Unbilden unserer Umgebung zu behaupten. Wenn wir uns in die Vorstellung begeben, dass wir gänzlich, also wirklich im Ganzen, aus Geist bestehen, dann öffnet sich der Himmel für die heilsamste Erkenntnis, zu der wir fähig sind: Unser Geist ist nicht nur der Anfang, sondern auch der stille „Boss" in uns, und unser Ego ist eher primitiv zu bewerten, es ist ja zu einem Zweck da, aber wir müssen dennoch mit und durch es handeln und für das, was durch das Ego entstanden ist, auch Verantwortung übernehmen.

Lieber Leser, schlagen Sie das Buch hier nicht zu. Wir lassen mal – fiktiv – den Geist reden, über welche Stellung, Möglichkeiten und Tätigkeiten er verfügt:

„Ich habe von meinem Gott-Geist die Aufgabe bekommen, mir eine biologische Form als Wohnung zu schaffen und hier zu testen, ob eine solche Form, ausgestattet mit Bewusstsein und jeglicher Freiheit, geeignet ist, das Leben auf dem Planeten Erde zu einem guten Ergebnis zu führen. Meine Aufgabe ist nicht so leicht, wie Sie, lieber Leser, sich das vorstellen können, da die Mannschaft, die mir zur Verfügung steht, schon von ihrer Natur her bestrebt ist, sich selbst zu optimieren. Die Menschen denken gar nicht daran, einen Geist als ihren Helfer oder Retter anzuerkennen. Sie bestehen schließlich aus dem gleichen Stoff wie alles andere auch auf der Erde – aus Energie. Diese Energie wird dann zwar durch eine Steuerungsfunktion von außen diszipliniert, die

im Grundsatz von dem Geist gelenkt wird. Für diesen Versuch mit dem Typ ‚Mensch' war aber vorgesehen, ihm Freiheit und damit einen eigenen Willen zu geben. Der Mensch sollte von sich aus erkennen, dass eine solche Anordnung – also Mensch und Natur auf der Erde – nur funktionieren bzw. auch nach der Einschätzung der Menschen gut sein kann, wenn ihnen die Grundregeln des Geist-Gottes geläufig sind. Die Regeln sind der Prüfstein für eine dauerhafte Existenz der Menschen auf ihrem Planeten.

Ja, liebe Leser, jetzt können Sie sich wahrscheinlich genauer vorstellen, wie mir zumute ist mit dem Desaster, das zu heilen mir auferlegt ist."

So also kann die Stimme unseres Geistes sprechen. Dieser Geist ist nicht ganz deckungsgleich mit dem Gott-Geist. Darin liegt dann aber unsere Verantwortung und Aufgabe. Gott hat uns nicht im Dunkeln gelassen, sondern uns vor zweitausend Jahren Jesus geschenkt, um eine Fackel anzuzünden, und ich persönlich möchte mich glücklich schätzen, weil mir Günther Schwarz über seine Bücher begegnet ist.

Kombination von Geist und Verstand

Es ist mir immer noch eine Schwierigkeit zu begreifen, dass ein Geist unseren Körper beeinflussen und beherrschen kann. Es ist aber ein Teil der Wahrheit Jesu und ich muss mich daran abarbeiten. Dies gilt besonders für den Fall, dass unsere Wissenschaftler die Entwicklung so extrapolieren, dass wir in fünfzig oder sechzig Jahren im Chaos enden. Unsere Regierungen und die von uns abgeordneten Personen haben mir bisher nicht den geringsten

Anlass geliefert, zu glauben, dass sie das verhindern können. Also muss ich mich an die Wahrheit Jesu wenden; in dem „Glauben", dass dort die Hilfe zu finden ist. Wenn wir alle den Gott-Geist in uns realisiert hätten und eine Gesellschaft geworden wären, wie sie Jesus in seinen Reden angezeigt hat, dann wären wir über den Berg.

Ich will jetzt mal versuchen, für mich einen Weg zu skizzieren, mit dem unser Gott uns vor der Katastrophe retten könnte. Ich möchte ihm nicht in sein Handwerk pfuschen. Aber wenn ich hier in meiner Darstellung etwas aufzeige, was dann als stichhaltig gelten kann, dann werde ich möglicherweise den einen oder anderen Menschen überzeugen können, sich auch der Weisheit von Jesus zuzuwenden. Es ist, wie gezeigt, möglich, die Kraft des Geistes mit dem Potenzial der Materie, die zum Menschen gehört, zu vereinen. Das wäre eine Kombination von Geist und Verstand.

Die Kombination von Geist und Biologie stellt für den Denker eine große Herausforderung dar. Von „oben" gesehen ist der Geist das *Selbst* der Menschen. Vom Menschen aus ist der Geist eine Hilfe, die richtigen Entscheidungen zu treffen. Eine feste Kombination nimmt dem Menschen aber seine Freiheit und macht es für den Gott-Geist zu einer Zumutung, den biologischen Eigenbrötler eines Besseren zu belehren. Es bleibt nur die Hoffnung auf eine gelungene Beeinflussung „von Fall zu Fall". Wenn der dominierende Gott-Geist von den Menschen verlangt, dass sie ihre Gedanken disziplinieren und sie bei jeder Gelegenheit dem Gott-Geist unterstellen, stößt das auf die universelle Kompetenz des Verstandes, wie es unsere Biologie gelehrt hat. Unser Arbeitsbereich ist unser Verstand. Unsere Gedanken sind frei.

Sollte es hingegen möglich sein, eine so feste Kombination zu schaffen, dass ein Mensch über sich hinauswächst und Gott bei jeder Gelegenheit walten lässt, dann ist er nur ein Roboter. Menschen müssen sich aber bemühen können, von sich aus den Willen Gottes zu erarbeiten, sie müssen sich aus Freiheit bemühen können, aus eigener Überzeugung das zu tun, was Jesus uns aufgetragen hat.

Aus der Literatur ist mir ein Beispiel bekannt von einem Geist-Menschen, der sein Leben lang auf seine Freiheit hinarbeitet und am Ende in einem geistigen Format geeignet ist, nach dem Tod seine Freiheit auszuleben. Friedrich Nietzsche sagt in seinem „Also sprach Zarathustra", Gott ist tot, es lebe der Übermensch. Da hat sich der alternde Friedrich aber etwas geirrt, denn der „Übermensch" ist dann schon im Himmel bei seinem ewigen Gott.

Nach dem biologischen Tod trennt sich der Geist des Menschen von dem vergänglichen Körper und der Geist lebt in der Regel nach dem Verlust der biologischen Hülle in einem neugeborenen Menschen weiter. Am Ende kann er aber dann auch als Engel in den Himmel einziehen oder aber als Geist aufgelöst werden. Unser Gott-Geist ist für die Ewigkeit bestimmt. Für die Neugeborenen ist das jedes Mal ein Geschenk sowie für den Geist ein Neustart.

Die Einwirkung des Geistes wird zuerst in unseren Gedanken sichtbar werden. Die Gedanken werden im Austausch mit unserem Verstand eine Strategie entwickeln, die bestimmt, was als Nächstes zu tun ist. Hier entsteht also das Programm für unser *Tun*. Dabei lässt sich dann selbstverständlich der Einfluss unseres Gott-Geistes beobachten. Es wird nach und nach ein Bild des „Neuen Menschen" entstehen, das hoffentlich auch als Vorlage für andere gilt.

Ich will mal postulieren, dass der Geist nicht nur auf das Gedächtnis, auf das Gehirn, sondern auch auf das *Tun* der Menschen einwirkt. Es sollte dann ein Bild ergeben, durch das der Geist Gottes ausstrahlt. Die guten Beispiele würden dann andere beeinflussen und eine Wende im Leben der Menschheit bewirken. Das heißt, der Mensch wird seinen Glauben kundtun und durch seine Taten in seinem Umfeld dahin gehend auffallen, besonders menschenfreundlich zu handeln. Also ist der junge Mensch eher geeignet und willens, den Willen seines *Abbas* zu tun.

Es wird dann in einer immer gottesfreundlicheren Gesellschaft immer mehr von dem zur Wirkung kommen, was letztlich aus der Nähe von Gott-Geist und Mensch entsteht. So möchte ich dann annehmen, dass die Entwicklung hin zu den Regeln, die im Buch von Franz Alt „Die 100 wichtigsten Worte Jesu. Wie er sie wirklich gesagt hat" beschrieben sind, ausreicht, um bei den betroffenen Menschen das *Ego* zu bremsen. Damit ergäbe sich dann über eine relativ kurze Zeit eine Umkehr von der jetzigen Denkweise hin zu einem Zustand, in dem Menschen allgemein bereit sind, durch Verzicht auf Verlockungen im Angesicht der sich anbahnenden Klimakatastrophe eine Umkehr rund um den Globus zustande zu bringen.

Gott, Geist und die Biologie des Menschen

Aus der Bibel wird uns überliefert, wie Jesus fast verzweifelt war, dass seine Jünger, die schon jahrelang mit ihm zusammen waren, einfach nicht begreifen konnten, was er mit dem Wort „Sein" immer beschrieben hat. Diese Grauzone in unserem Gehirn ist ganz natürlich, denn über Jahrmillionen war das Gehirn nicht genötigt, eine andere Einwirkung zu reflektieren als das, was ihm die Sinne geliefert haben. Die geheimnisvolle Einrede, die wir in uns selbst hören, kommt aus dem, was wir einfach unsere Gedanken nennen. Hier muss der Ort sein, wo das zu finden ist, was Jesus unser Sein genannt hat. Unser Verstand muss ständig die Nötigung ertragen, dass sein Vorhaben auch anderen Zielen gerecht werden muss. Das betrifft besonders die Ziele, die er sich langwierig erarbeitet hat.

Für uns zählt der Geist als eine physikalische Größe, die wir mit den neuesten wissenschaftlichen Methoden nachzuweisen versuchen. Schon im Alten Testament, im Exodus, Kapitel 3, wird von einem Geist oder Atem Gottes berichtet. Nur Jesus sagt, das ist euer „wahres Sein", und das ist nicht auf dem Acker gewachsen, sondern ist unser Teil von dem, was auch unsere Erkenntnisse als real ansehen. Und die Physiker nicken dazu auch mit dem Kopf. Alle Menschen, die sich nicht so intensiv mit unserem Neuen Testament und speziell mit Jesus beschäftigt haben, interessiert es nicht, weil sie voll konzentriert auf ihre biologischen Funktionen ausgerichtet sind, und das scheint unseren Gott-Geist zu missfallen. Jesus war auf die Welt gekommen, um hier endgültig die Menschen „zurechtzuweisen" und ihnen dabei die Wahrheit zu verkünden. Die grausame Wahrheit für die Menschen liegt darin, dass das, was wir mit *„Ich"* bezeichnen, auch nur einen geringen Stellenwert hat. Wir sind nur Biologie. Der Universalgeist, Gott-Geist, hat den Menschen einen Willen gegeben. Dieser Wille ist mit Freiheiten verknüpft, wie der Verstand den Körper zu führen hat. Er ist zudem eine Brücke zwischen dem Sein und den geistigen Denkweisen beim Menschen. So ist dann diese Konstruktion entstanden, die für den Gott-Geist eine Möglichkeit enthält, die Menschen als Werkzeug für seine Ziele zu erweitern. Er hat in der Biologie die Empfangsmöglichkeit für geistige Botschaften installiert und in unseren Gedanken sogar die Fähigkeit eingebaut, die Sprache des Geistes für unseren Verstand verständlich zu machen. Diese Vermengung des Urstoffes „Geist" direkt mit der physikalischen Maschine „Mensch" ist zu der jetzigen Spezies „Homo sapiens sapiens" (Bio-Mensch) geworden, die auf der Erde wandert und diese „beherrscht". Darüber hinaus hat der Gott-Geist aber offensichtlich die Absicht, die sich anbahnenden Untaten des Menschen zu disziplinieren, und dazu ist eine spezielle Einrichtung eingebaut worden.

Neben dem allgemein vorhandenen Wirkstoff „Geist" gibt es bei uns eine Einheit, die die Ideale unseres Schöpfers, die Liebe, die Mitmenschlichkeit und vieles mehr, zur Wirkung bringt. Dies kommt natürlich auch in der Geistesform daher. Dieser Teil lehrt uns, einfach gesagt, zwischen Gut und Böse zu unterscheiden, wobei die Absicht vordringlich ist, das aus der biologischen Entwicklung resultierende Ego zu zähmen.

Diese Funktion ist bei uns Christen zwar theoretisch angekommen, aber ihre Wirkung lässt noch sehr zu wünschen übrig. Jesus hat seinen Jüngern dringlich gesagt: „Wenn ihr doch bloß euer Sein erkennen würdet." Das Sein ist also die Wirkkraft in uns; sie ist aber nicht auf dem Boden des Planeten gewachsen, sondern arbeitet autark, mit dem Ziel, unser Handeln dem Willen Gottes anzupassen. Ganz dramatisch ist die Erkenntnis dabei, dass dieses Sein zwar wie selbstverständlich dazugehört, aber trotzdem eine transportable Größe ist. Sie ist jedem Menschen gegeben, wird aber nicht mit dem Tod, wie der Körper, beerdigt. Das Sein ist separat und ist als der wahre Träger des Individuums des einzelnen Menschen anzusehen.

Es wird sich so einfach nicht in unserem Kopf unterbringen lassen, dass wir trotz unserer Freiheiten und unseres großartigen Verstandes nur eine Puppe im Gesamtgeschehen darstellen. So geht es doch beim genaueren Hinsehen um etwas mehr als um die einzelnen biologischen Komponenten. Bei dem Sein geht es nicht nur um die Frage: „Sein oder nicht sein". Unser Geist lenkt nicht nur unseren Verstand, sondern wird zur Hilfe genommen, um die Aufgabe der menschlichen Individuen zu beurteilen. Unsere Zeit hier auf der Erde ist eine Probezeit, um in den Himmel aufgenommen zu werden oder das Ego-Ich zu pflegen.

Dieses Sein, von dem Jesus spricht, ist aber nicht unser Eigentum, und es gehorcht auch nicht unseren Sinnen, sondern es versucht intensiv, aus uns Menschen zu machen, die in den Himmel passen. Das ist die abgegrenzte Stelle in dem ganzen Gewühle zwischen dem gesamten Geist und dem Körper. Am ehesten wird es einem bewusst, wenn man sich vor Augen führt, dass das Selbst nicht grundsätzlich mit unserem Körper verbunden ist; es ist nur der Teil, der in der Lage wäre, uns Menschen mit in den Himmel zu nehmen. Jesus beschreibt das als einen engen, schmalen Pfad, auf dem nur wenige Menschen in dieser eigenständigen Form überhaupt auf den Weg zum Himmel kommen. Und dieses Sein als der Kern des Menschen wird dann geprüft, wie weit das Sein in der Lage gewesen ist, das biologische Werkzeug „Mensch" im Sinne des Schöpfers zu führen. Wenn das verneint werden muss, dann war das Leben des Menschen so weit nicht in Ordnung, dass der Geist des Menschen nicht in den Himmel hineindurfte. Dann wird das Sein des gerade verstorbenen Menschen in der Regel weitergereicht zu einem gerade geborenen Menschen. Nach mehreren Versuchen sollte das Sein aber zu einer biologischen Form gelangt sein, die ermöglicht, in den Himmel einzugehen. Das Ziel ist selbstverständlich, die aus dem Ruder gelaufenen Entwicklungen der Spezies „Mensch" auf besonderen Wegen zur göttlichen Einheit zurückzuführen.

In diesem Teil des Versuchs, das Phänomen „Geist in uns" zu erklären, sind wir dem Irrtum wieder anheimgefallen, alles um uns herum von uns aus zu betrachten. Das bringt uns sofort in den Konflikt, den Geist dann eben einfach außen vor zu lassen. Nach allem, was ich von Jesus verstanden habe, ist es aber notwendig, dass wir uns auf die Seite des Geistes platzieren und von dort aus kritisch betrachten, wohin unsere biologischen Körper sich befinden. Jesus ist gekommen, um die Blickrichtung umzukehren. Gott hat uns als Geist geschaffen. Und um uns für seine Zwecke dienbar zu machen, haben wir als Hülle einen Mantel bekommen, der sich aus den Gegebenheiten des Lebens auf der Erde entwickeln konnte. Denn das ist ja nachträglich sichtbar; um den rein biologischen Menschen aus seiner Irrfahrt zu erlösen, muss das Korrektiv von dem Geist herkommen, von Gott gesteuert werden. Am leichtesten ist der Unterschied zu definieren, wenn wir versuchen, uns auf das Plateau des Geistes zu stellen und nachzudenken, wie denn nun der biologische Mensch angepasst werden kann, damit er für den Gott-Geist als Werkzeug zur Verfügung steht. So würde es doch auch ein Maurerverstand versuchen, den hart gewordenen Mörtel durch einen Schuss Wasser wieder handhabbar zu machen, um an dem Projekt weiterzuarbeiten. Wir sind in diesem Fall aber nicht die Maurer, sondern der Mörtel. Und der Geist ist derjenige, der an der Schnur steht und weiß, wo es lang geht. Also, wenn es gilt, dem Geist den Vorrang einzuordnen, dürfen wir nicht mehr so tun, als ob wir ihn herbeiwinken wollten, sondern wir müssen in aller Stille lauschen, wie wir unseren biologischen Körper führen können. Unser geistiges *Ich* ist die Rettung der Welt. In diesem geistigen *Ich* steckt jedoch ein Programm, das nicht stark der „Biologie" unterliegt und durch den Geist stark geformt werden muss. Das muss sogar in unserem Kopf geschehen, der über Millionen Jahre nichts anderes als das Ziel hatte, seine Größe und seine Kraft zu repräsentieren. Der Verstand muss willig werden für das, was unsichtbar und unhörbar bei ihm das Regiment übernimmt. Diese Aufgabe ist wirklich so schwer durchsetzbar, dass auch Jesus schon eingeräumt hat, dass auf dem schmalen Pfad nur sehr wenige Menschen den Weg

zu den himmlischen Gefilden finden können. Das geschieht allerdings immer häufiger, und die Zeit spielt ja selbstverständlich für unseren Gott-Geist überhaupt keine Rolle. Dort ist alles in Ewigkeit angelegt. Es wird nicht möglich sein, jede Biohülle durch den Geist zu erreichen. Hier ist dann vorgesehen, dass der Geist – und er ist nicht das Eigentum des Bio-Menschen, sondern ein selbstständiges Sein – nicht direkt mit dem biologischen Körper verbunden ist. Wenn Jesus von dem Sein seiner Schüler sprach, dann meinte er nicht die Haut und nicht die Haare, die ihm da ins Auge fallen, sondern ein geistiges Gebilde, das bei dem Tod des Menschen selbständig bleibt und zudem an Nächstgeborene übergeht. Dieser Punkt war in unserem Neuen Testament nicht unterzubringen. Paulus und die anderen konnten es nicht lassen, sich von der handvoll biologischer Maße zu trennen und haben in ihrer Predigt den Glauben an die Auferstehung des Produktes der Natur berichtet. Man kann heute natürlich ärgerlich sein darüber, wie schwierig es ist für uns, neben unserem Körper hinzustehen und zu sagen: „Fahre dahin. Ich bin jetzt bereit für die Ewigkeit."
Ich, die Person, die dies jetzt schreibt, muss jetzt so handeln, wie es sich aus den Worten von Jesus, also hier auch dem Wort Gottes, ergibt. Aber Glauben reicht hier nicht aus. Es ist für uns zunächst noch geistlosen Menschen nicht nachvollziehbar. Der einzige Weg aus dem Dilemma ist das Gebet. Wer danach mit offenem Mund die Wirkung erfährt, und das tausendmal, den hat der Geist erlöst: nämlich durch das Vertrauen auf den Geist, der uns in den Himmel führt, der in Abgrenzung von der Biologie über die

100 Jahre gelernt hat, den Willen Gottes zu tun und sich so anzugleichen, dass er den Engeln im Himmel gleichkommt.

Wenn es auch schwerfällt zu glauben, dass der geliebte Körper in der Erde verfaulen wird und nicht auferstehen kann, so werden wir doch die Ablösung in unserem Kopf hin zu der geistigen Leichtigkeit und Unbeschwertheit auskosten.

Der Himmel ist kein Ort, sondern ein Zustand. Was dort ein und aus geht, ist der Geist. Gott ist der Universalgeist. Der Geist der Menschen ist nur eine lokale Zuordnung. Unser Sein (Jesus) ist Geist in temporärer Form. Unser Sein hat die Aufgabe, unsere biologische Hülle zu lenken. Damit die biologische Hülle mit Freiheiten und realen Möglichkeiten auf der Erde auf den Willen des Universalgeistes ausgerichtet wird. Der Erfolg des Seins bestimmt seine Zukunft. Nach dem Tod ist eine „Wiedergeburt" des Verstorbenen in einer biologischen Hülle möglich. Ein Sein bekommt bei der Prüfung, wenn alles gut geht, dann eine neue Chance mit einem neugeborenen Körper, für den es dann verantwortlich ist. Der Erfolg des Seins mit der früheren biologischen Existenz bestimmt dann die Qualität (Zuwachs) des freigewordenen Seins. Diese Qualität des Seins wird vor den Toren des Himmels bewertet. Danach richtet sich dann seine Aufnahme in den Himmel oder eine Wiederholung seiner Mission. Die Zusammenfügung der Beurteilung des Seins und dessen, was Jesus gesagt hat, bedeutet: „In den Himmel kommt der, der den Willen *Abbas* getan hat." Diese Aussage setzt die Prüfung des Geistes und den Erfolg als Werkzeug Gottes zusammen. Also den Willen *Abbas* zu tun, spiegelt sich in der Qualität des geistigen Seins. Das ist auch dann über die Brücke, den biologischen Menschen zu sagen: Wenn du den Willen *Abbas* tust, dann wirst du in den Himmel kommen. Man muss dann nur noch wissen, dass für den stinkenden toten Körper dort kein Platz ist, sondern die Himmelfahrt des Geistes gemeint ist. Voraussetzung ist aber, dass der biologisch existierende Mensch sein Sein erkennt.

Geisteswissenschaft

Es wäre für mich eine Überraschung, wenn der „Geist" die Wissenschaft erobern würde. Früher war ich mit unsicheren „Zuständen" zufrieden und verwendete das Wort „Geist" erst, wenn mir keine andere Beschreibung einfiel. Jesus steht im Mittelpunkt allen *Seins*. Es wäre für mich ein Punkt zum Durchatmen, wenn ich erleben dürfte, dass auch in der Wissenschaft das Wort „Geist" im Sinne von Jesus verwendet werden würde. Dieser Schritt erscheint mir so einleuchtend, doch die Universitäten könnten hier vielleicht etwas zu fachgebunden sein. Das wäre dann die weltweit anerkannte Universalkraft (hierbei sollte man jedoch das Wort „Gott" vorsichtig vermeiden), um den Rest der Glaubensgemeinschaft nicht vor den Kopf zu stoßen.

Bei unserem großen Physiker Albert Einstein war das nicht nötig; er war ein zutiefst gläubiger Mensch, allerdings jenseits jeglicher Dogmen. Er hatte in der Fortführung seiner Erkenntnisse über die Verhältnisse zwischen Energie und Materie die Wissenschaft bereits über den „Berg" gebracht. Er war sich sicher, dass mit der Erkenntnis der Energie – und heute würden wir sagen „der Quanten" – die Erkenntnisse zur Kraft, die so unauffällig und unsichtbar überall spürbar ist, noch nicht vollständig seien – im Unterschied zu den Interpretationen von z. B. Niels Bohr und der Kopenhagener Schule. Er fügte sogar seiner berühmten Gleichung $E = mc^2$ einen Zusatz hinzu: Es gebe eine extrem starke Kraft, die alle anderen beinhaltet und regelt und die sogar hinter jedem Phänomen steht, das im Universum tätig ist und noch nicht von uns identifiziert wurde, was er in seiner „einheitlichen Feldtheorie" vereinen wollte. Diese universale Kraft ist für die meisten die *Liebe*. Das Wort *„Liebe"* ist für mich allerdings so abgegriffen, dass mir hier das Wort „Geist" zunächst ausreicht. *Einstein* war jedoch überzeugt, dass das Verbreiten von Mitgefühl und Verständnis die Menschheit zum Guten verändern würde und sich die Zukunft besser gestalten ließe. Ich habe mich in diesem Zusammenhang auf das Wort „Mitmenschlichkeit bezogen". Das scheint mir eine allgemeine Größe zu sein, die uns in dem Regelwerk (also in der Botschaft, die wir direkt von unserem Geist-Gott erhalten haben) vereinfachend all das beschreibt.

Er war sich jedoch auch klar darüber, dass es einer gesellschaftlichen Entwicklung bedarf, um diese Kraft wirksam werden zu lassen. Ob Einstein bereits Kontakt mit Pfarrer Günther Schwarz hatte, der uns die wahren Worte von Jesus neu übersetzt hat, weiß ich nicht. Aber die Zeit war wohl reif für die Feststellung, dass Gott Geist ist. Für Albert Einstein war es bereits die Universalkraft. Dies ist sozusagen ein geistiges Phänomen im Besitz der Universalkraft. Diese Vorstellung verbindet die Wissenschaft mit den Gläubigen und erlaubt es, die oberflächliche Bezeichnung „Gott" mit physikalisch begründeten Begriffen mit unserer Gegenwart zu verknüpfen. Universalkraft oder das, wovon Jesus als seinem *Abba* spricht, steht uns Menschen jedoch nicht direkt zur Verfügung. Wir sind sozusagen die Handlanger für die Entwicklung auf der Erde. Der Kontakt findet – wie bereits festgestellt – über eine geistige Botschaft statt, die uns in unseren Gedanken erreicht. Wir selbst können jedoch unseren „Gott" anbeten und ihm unsere Nöte erklären.

Nachdenken

Jesus hat uns mit seiner umfangreichen Botschaft, wie er selbst sagt, die Wahrheit verkündet. Es muss im Himmel wohl auch bekannt gewesen sein, dass die Menschen auf der Erde dazu neigen, fast alles falsch zu verstehen.

In den Vorstellungen der Christen eroberte sich die Herrlichkeit des Himmels den höchsten Platz, und wer all das glaubte, was sie aus dem Neuen Testament aufnahmen, der konnte in Ruhe sterben in Erwartung einer Auferstehung am Jüngsten Tag. Wer die wörtlichen Reden von Jesus im Neuen Testament in einen logischen Zusammenhang bringt, der erfährt, wie sich der Schleier über die Botschaft Jesu hebt und eine völlig andere Geschichte zutage tritt.

Hierbei gibt es dann aber zunächst für alle einen neuen Mittelpunkt im Nachdenken, nämlich die Funktion des Geistes. Die für uns völlig neue „Institution" muss zunächst mal erarbeitet werden. Ich war zufrieden, dass ich durch Anregungen von außen ein bisschen das trainiert hatte, was man in der Wissenschaft „Philosophie" nennt. Es ist die Kunst, alles, was an Botschaften von außen auf uns einwirkt, und das, was unser eigenes Gehirn produziert, zu ordnen, zu bewerten, um einen „klaren Kopf" zu behalten.

Über unsere eigenen biologischen Funktionen hinaus müssen wir auch das berücksichtigen, was wir so allgemein als „gut" und „böse" bezeichnen, und das ist im Ergebnis das, was wir bei Jesus nachlesen können.

Es ist uns geläufig, dass im Gehirn die biologischen Vorgänge sich auswirken, und wenn wir das mit einem Computer vergleichen, so entspricht seine Leistung der des gesamten Silicon Valley. Unser Bewusstsein ist daneben noch eine Besonderheit, die unsere Stellung in dem biologischen Geschehen der Erde einmalig macht. Wir sind mit einem *Ich*-Gefühl ausgestattet und unsere Freiheit verspricht uns ein selbständiges Handeln. Jetzt kommt aber Jesus daher und erklärt uns, dass wir einen Geist besitzen. Der Teil des allumfassenden Geistes, der in uns wirkt, stellt sich sogar als das wahre *Sein* heraus. Hier versagt dann regelmäßig auch unser Verstand.

Auch Jesus sagte öfter zu seinen Schülern, wenn ihr doch nur euer *Sein* verstehen würdet. Und wenn ich jetzt versuche, dieses *Sein* im Kopf „dingfest" zu machen, also genauer zu bestimmen, dann wird das wohl auch als ein kleines Wunder gesehen werden müssen. Jetzt endlich schließt sich der Kreis, denn „Gott ist Geist" und „Mensch ist Geist" – wir sind also Geistwesen.

Diese neue Sicht der Dinge kann man aber nicht einfach so dem Verstand hinzufügen, sondern sie muss intensiv erarbeitet werden. Wir sind ähnlich beschaffen wie das Wesen, das wir bisher

Gott genannt haben. Gott ist aber nicht nur alles, weil alles Geist ist, sondern auch nach Bedarf ein Individuum. Jesus nennt seinen „eigenen Geist", mit dem er sich z. B. unterhalten hat: *Abba*. Dies ist aber kein Vor- oder Zuname, sondern zu unserem Verständnis das Wort, das für den biologischen Jesus „Papa" bedeutet hat. Diese Überschneidung des geistigen Bereiches mit dem materiellen Bereich, mit dem wir uns auf der Erde auseinandersetzen, wird mir nach und nach geläufig.

Die Philosophen – für mich z. B. Platon, Kant oder Nietzsche – sind eine große Hilfe, das Durcheinander in meinem Kopf allmählich etwas übersichtlicher werden zu lassen. So, denke ich, habe ich in meinen letzten Jahren die Unterscheidung zwischen dem Miteinander, wie Jesus es beschrieben hat, und dem Gegeneinander, wie wir es auf unserem Planeten derzeit vorfinden und wie ich die Mitmenschlichkeit praktizieren kann, inhaltlich begriffen. Für die nachfolgenden Generationen hoffe ich allerdings, dass „Jesus" nicht mehr als der herhalten muss, der für unsere Sünden am Kreuz gestorben ist. Sie brauchen sich dann hoffentlich wohl nicht mehr um die Grundlagen des korrigierten Neuen Testaments bemühen, weil sie Allgemeingut geworden sind. Jesus ist der Bote, der in Form des Geistes aus dem Himmel gekommen ist und in ein Neugeborenes einging, das von Maria im Stall in Bethlehem geboren wurde. Solche Grundlagen unseres Daseins sollten künftig im Idealfall wohl schon in der Schule gelehrt werden, so wie es zu meiner Zeit einfach eine Tatsache war, dass die kleinsten Teile Atome genannt wurden.

Wir müssen hier und heute von Grund auf ein falsches Bild von unserer Religion langsam verblassen lassen und uns vergegenwärtigen, wie das Zusammenspiel zwischen Geist und Biologie, zwischen unseren Gedanken und dem Geist für die Gestaltung der Erde durch unseren *Abba* ein Werkzeug werden kann.

Für die Neugestaltung des Lebens auf der Erde, ausgehend von der Einsicht der Menschen in die Bedeutung der Mitmenschlichkeit und von der Neugestaltung der Menschen, müssten dann aber einige wichtige Einrichtungen zunächst einmal überprüft werden. Das gesamte Sozialwesen wird als Pflichtleistung des Staates gesehen, ist aber von der Natur der Sache her eine Aufgabe der Menschen untereinander. Wenn die Verwandlung des Menschen zu einem eigenständig verantwortlichen Individuum vonstattengeht, ist der ganze Verwaltungskörper „Sozialwesen" überflüssig. Die Wirkung von Mensch zu Mensch legt ein Erlebnis unter Menschen frei, das letztlich sogar ein Glücksgefühl bewirkt.

Ich kann mir zwar schon ausmalen, was wir alles an Institutionen verändern müssten. Dieses Ausmaß ist für mich schwindelerregend. Ich habe mir dazu schon einige Gedanken gemacht, aber das wird bestimmt nicht der ganze Umfang für eine Neugestaltung sein. Trotzdem bin ich gewillt, es als notwendige Aufgabe im Kopf zu behalten.

Damit ist aber auch ganz klar geworden, dass es nicht unsere Verwaltungen und Regierungen sind, die hier etwas zustande bringen können. Hier ist allein das erforderlich, was Jesus uns in seiner Botschaft hinterlassen hat.

Der Weg geht hier nicht eindeutig über die Politik, die heute unsere Nachrichten dominieren, sondern über ihn wird mit Hilfe unseres Gott-Geistes einzeln und dann vollständig bei jedem Menschen entschieden. Die Hingabe an den Gott-Geist wird es möglich machen, die Gedanken der Menschen anzunähern und die Ergebnisse der praktischen Arbeit von uns zu dem Ziel führen, auf der Erde Zustände zu schaffen, die denen im Himmel nahekommen. Dazu wird unser Gott-Geist, wie Jesus schon vorausgesagt hat, die Tore des Himmels öffnen und die Engel auf die Erde schicken. Das Muster dafür hat uns Jesus gegeben, indem er sagte: „Ich war schon auf Erden und bin danach an der Seite Abbas gewesen und von dort wieder zur Erde zurückgekommen." (Johannes 14, 1–3)

Die Philosophie des Denkens

Mit der Dreistigkeit, über unser Verhältnis zu unserem Gott nachzudenken und dabei zu klaren Aussagen zu kommen, ergab sich öfter die Frage: „Wie funktioniert das eigentlich in meinem Kopf?" Nach der Lektüre eines Buches von Gert Scobel mit dem Titel „Warum wir philosophieren müssen" und wegen der Erfahrungen mit dem Denken habe ich versucht, die generellen Vorgänge im Kopf zu erschließen.

Das Denken ist sozusagen das Zentrum unseres Daseins. Das Denken findet in unserer Sprache statt und dort haben wir den Zugriff auf alles, was uns dafür im Verstand zur Verfügung steht. Nur eines gelingt nicht – dass wir mit dem Denken auch die geistige Einwirkung lesen und anwenden. So kommt es, dass wir

Menschen uns auch bei unserem täglichen Tun nicht um den Geist kümmern. Wenn wir uns aber mal in aller Ruhe unserem Geist zugewandt haben, in der Regel wird es ja die Zeit vor dem Einschlafen sein, dann sind wir am anderen Morgen, wenn das Denken beginnt, erstaunt, was uns dann alles für neue Betrachtungen und manchmal auch direkte Anweisungen zugeflogen sind. Das Denken hat keinen direkten Zugriff auf den Geist, aber der Geist ist eben das lenkende Medium in uns und findet selber den Weg in unser Bewusstsein.

Es ist schon ein neues Kapitel im Thema „Denken", aber es ist auch hilfreich und bewirkt Dankbarkeit. Die verschiedenen Einwirkungen auf unser Tun lassen sich durchaus schematisieren. Die Strategie für unser Tun entsteht in den Gedanken. Hier können wir unsere Erfahrungen, unser Wissen um die Dinge und mögliche Gefahren bewerten und einordnen. Das trifft aber so einfach nicht auf unsere geistigen Einwirkungen zu. Der Geist ist souverän, ob uns das bewusst wird oder nicht. Der Geist muss allerdings von uns gepflegt werden. Wir müssen ihn in unserem Bewusstsein zulassen, dass unser Selbst nicht in unserem Bewusstsein zuhause ist, sondern uns abseits des täglichen Getümmels an die Hand nimmt.

Wir sind, wie wir auch selbst ständig spüren, neben den Einwirkungen unseres Gott-Geistes ein zappelndes Wesen. Gert Scobel hat z. B. für unser Denken Regeln erarbeitet, um die sich die wissenschaftliche Disziplin für uns sichtbar schon seit dem frühen Mittelalter in Griechenland bemüht hat. Dazu ist nur erforderlich, für unseren Kopf einen guten „Werkzeugkasten" zu erarbeiten, um überhaupt für die unendlichen Einwirkungen auf unser biologisches Dasein gewappnet zu sein.

Ich kann aus meiner Erfahrung nur berichten, wie wohltuend es ist, bei unserer kontinuierlichen Hilflosigkeit die Möglichkeit zu haben, bei unserem Gott-Geist abzufragen, was richtig und gut ist. Wenn ich dann am helllichten Tage all die Menschen erlebe, die lautstark und sicher zu wissen glauben, wo es lang geht, falle ich oft in tiefes Grübeln zurück. Aber ich selbst habe auch noch lange nicht den Standard der philosophischen Weisheit erreicht, um meinen Kopf selbstsicher nach oben zu strecken.

Den Leuten, die auf der Erde die Regeln bestimmen, scheint es aber auch nicht viel besser zu gehen. Wenn es doch nur möglich wäre, die Politik aus der Welt zu schaffen. Sie denkt nur in immer größeren Einheiten und macht daraus immer größere Risiken, und wenn sie keinen Rat mehr weiß, richtet sie noch größeren Schaden an. Dabei kommt es dann auf die Menschen überhaupt nicht mehr an.

Wenn ich in meiner Umgebung mal von den Idealvorstellungen eines menschlichen Zusammenlebens erzähle, so wie ich es aus den Worten von Jesus lesen kann, dann fühle ich mich doch sehr in die Ecke gestellt. Das ist immer sehr schmerzhaft. Aber Gott sei Dank nur so lange, bis ich zur Ruhe komme und in meiner Kommunikation mit unserem Gott-Geist die Sicherheit wieder erlangen kann.

Mal ganz konkret: Eine meiner derzeitigen Aufgaben ist das Zusammenleben mit meiner Frau und ihrer Alzheimer-Erkrankung. Die Wirkung dieser Verwirrungen im Kopf hat überall Folgen wie das Einsperren, Abschließen, Beruhigungsspritzen etc. Als ich versucht habe, ihr klarzumachen, dass es ja unmöglich auch an den zahlreichen bösen Erlebnissen gelegen haben könnte, an denen sie nicht schuld war, dann habe ich jedes Mal in ein Wespennest gestochen. Da hatte dann mein *Abba* einen Befehl für mich in Form eines großen Vogels mit einem kräftigen Schnabel, der aber in diesem Medium mit einem dicken Kupferdraht nach und nach vollständig umwickelt wurde. Die Botschaft „Schnabel halten" war für mich unzweifelhaft, die Wirkung war für mich eine große Erleichterung. Unsere Gespräche miteinander waren danach wieder ohne diese „Wahrheiten" gut oder zufriedenstellend. Hier ist mir wieder klar geworden, dass auch solche Regeln von Jesus wie z. B. „Liebet Eure Feinde" durchaus beherrschbar sind. Wir können uns eine Welt, in der unsere biologischen Reaktionen unter Kontrolle von unserem Geist gebracht werden, bislang kaum vorstellen. Ich kann in meinem hohen Alter jungen Leuten nur raten: „Mädchen und Jungs, versucht mal zur Ruhe zu kommen."

Das Denken hat durch unser biologisches Bewusstsein – das *Ego*-Bewusstsein – allergrößten Einfluss. Wir werden aber nicht umhinkommen, in uns eine Auseinandersetzung zu starten zwischen der Menschlichkeit, der gegenseitigen Zugewandtheit, der Hilfsbereitschaft und Ähnlichem einerseits und unserem stolzen *Ego* andererseits. Es braucht niemand den Kopf zu schütteln, letztlich wird der Geist gewinnen.

Das Denken ist für mich, wie schon festgestellt, der Mittelpunkt unseres Daseins. Hier werden Einflüsse jeglicher Art sortiert und bewertet. Das Denken ist aber nicht autonom. Unsere Philosophen mühen sich seit Beginn, das Denken fachlich zu halten. Denken findet aber mit Hilfe der Sprache statt. Die fachliche Darstellung hat ihre Tücken. Man muss das täglich wieder lernen! Dazu gehört schon mal Disziplin! Man möchte sprachlos werden, aber Denken sollte ganz behutsam erfolgen.

Im Himmel ist das alles besser. Die Engel dort sind reiner Geist, und der hat keine Sprache. Die Engel wurden vor ihrem Eintritt in die endgültige Geistigkeit geprüft. Danach eröffnet sich für uns aber nicht der Himmel, sodass wir erkennen könnten, wie dieser Prozess im Einzelnen abläuft. Die Geistesform ist für unseren Verstand nicht vorstellbar und entspricht nicht unseren Maßstäben der Wirklichkeit. An diesem Punkt müssen wir warten, bis unsere biologische Hülle uns verlassen hat. Über die geistliche Welt können wir uns kein klares Bild machen. Auch hier gilt der Grundsatz: Wenn wir Gott vertrauen, wird alles gut sein. Kein Engel hat die Regeln markiert, die Jesus hinterlassen hat. Doch wie sollen wir in Anbetracht der gegenwärtigen politischen Lage auf der Erde diese Lehren verinnerlichen? Wir haben nichts anderes im Sinn, wenn es zu Unterhaltungen kommt, als unsere Meinung kräftig herauszublasen. Meine Mutter sagte schon: „Des Menschen Wille (auszulesen bei diesem Gespräch) ist sein Himmelreich."

Ganz einfach! Franz *Alt* lesen „Was Jesus wirklich gesagt hat".

Unser Denken hat natürlich auch keinen Zugriff auf die Psyche und die Taten anderer. Das ist nicht die eigene Gemeinschaft mit dem Geist. Wir sollten nur Einfluss nehmen durch eigene gute Taten. Die Diskussion über andere ist immer kontraproduktiv. Es zerstört nur die Gemeinschaft. Selbst Gutes – tun, das sehen die Mitmenschen, und der Geist wird ihnen dann Rat geben! *Abba* auch! Diskussionen über den richtigen Weg lösen böse Kommentare aus. Da kämpft dann nur das eigene *Ego* gegen das andere. Politische Gremien sind prinzipiell nicht geeignet, Gutes zu bewirken.

Liebe Leser, wenn ihr mal so alt werdet wie ich, dann wird euch entweder die Erde auf den Kopf fallen oder ihr habt euch eines Besseren besonnen. Dann sieht die Erde auch ganz anders aus, so wie sich das derzeit niemand vorstellen kann. Ihr würdet für eure Nahrungsmittel selbst oder in Gruppen sorgen, ihr würdet euch in Gesprächsrunden treffen, um zu überlegen, wie ihr denen helfen könntet, die krank geworden sind oder anderweitig nicht mehr zurechtkommen. Ihr würdet keine Kirchen mehr aufsuchen, weil der kompetente Ratgeber immer schon bei euch in der „Leitung" ist und darauf wartet, angesprochen zu werden. Ihr werdet eine Welt erleben, in der es immer zuerst um die Menschen geht und diese irrsinnige Belastung durch Technik, Verwaltung und Regierungen hinter euch lassen.

Gott ist Geist G=G

Um sich einer solch gewaltigen Feststellung, die wahrscheinlich nur wenige Menschen machen konnten, überhaupt annähern zu können, möchte ich versuchen, die neuen Erkenntnisse mit unserer Logik zu erfassen.

Wenn alles Stoffliche aus Energie besteht, wie die Physiker sagen, dann braucht es zur Differenzierung kleinster Einheiten, die dann wiederum einen Hintergrund haben, um eingeordnet werden zu können. Eine solche aus Energie und Quanten bestehende „Masse" wäre sonst ein toter Haufen. Hier die notwendige und angemessene Bezeichnung zu finden und einzusetzen, ist für computerschlaue Menschen noch unlösbar. Na gut! Dann lassen wir das. Wir wenden uns an unseren Gott-Geist – ->G=G (Gott ist Geist) zu.

Unser Gott-Geist schuf einen Planeten, der genau die Eigenschaften besitzt, die notwendig sind, um auf ihm Leben entstehen zu lassen, einschließlich der Menschen, denen er als Krönung die Freiheit schenkte. Dies ist ein besonderes Projekt. Uns Menschen ist durch viele Botschaften unseres Gottes erklärt worden, dass unser Leben nicht allein aus Fressen und Gefressenwerden bestehen soll. Für uns Menschen ergibt sich die Chance, sich aus der biologischen Masse heraus tauglich zu machen für den Eintritt in die Geisteswelt. Zu diesem Zweck ist uns von Kindheit an ein geistiges Grundgerüst mitgegeben worden, um Gut und Böse zu unterscheiden und sich unter den meist sehr ungünstigen Verhältnissen auf der Erde trotzdem für das geistige Ideal eines friedlichen und glücklichen Miteinanders zu entscheiden.

Einfach gesagt: Gott will die Menschen auf der Erde mit einem geistigen Kern begünstigen, um sie später als Engel aufzunehmen. Der Himmel ist natürlich anders als die materielle Welt – er existiert rein geistig, entspricht also dem, was wir bisher Gott nannten. Diese Unterscheidung zwischen dem Geist generell und der uns so geläufigen materiellen Umgebung ist für gestandene biologische Geschöpfe schon mehr als eine Denksportaufgabe, und unser geistiger Kern muss in der biologischen Hülle erst zum Bewusstsein gelangen, um die Regeln für ein gottgefälliges Leben erkennen und erfüllen zu können. Dafür steht uns bis zu 100 Jahre Lebenszeit zur Verfügung.

Die Absicht unseres Gott-Geistes ist ganz logisch und verständlich. Wir Menschen sind schlicht das Material, durch das die Kolonne der Engel im Himmel „aufgefüllt" wird, wie Jesus berichtet. Jesus: Der Himmel ist offen, die Engel gelangen vom Himmel auf die Erde und wieder zurück (Johannes 1, 51).

Sollte die Absicht bestehen, innerhalb des biologischen Lebens auf der Erde Menschen zu züchten, die auch ohne den geistigen Kern die Gebote Gottes erfüllen, so ist dies als unrealistisch und unmöglich zu bezeichnen. Die Brücke in den Himmel ist unser geistiger Kern. Das ist unser *Sein*, wie Jesus es genannt hat.

Unser Gott-Geist weiß ja, dass er in der Geisteswelt keine mit Wasser verdünnte Biologie gebrauchen kann. Der Mensch, wie wir ihn betrachten, sein biologischer Teil, ist in jedem Fall nach seinem Tod der Vergänglichkeit ausgesetzt. Deshalb hat er uns den geistigen Kern gegeben, der uns das Gute lehrt und unsere guten Taten speichert.

Wenn das nicht auf Anhieb gelingt – so hat es Jesus uns erklärt –, wird diesem Geist eine „zweite Runde" in einem anderen menschlichen Körper ermöglicht (Johannes 3,9–11). Jesus sagt sogar, dass für einen Zugang in den Himmel viele neue Durchgänge im biologischen Körper notwendig sind (Johannes 3,3). Für uns Menschen ist das eine harte Feststellung, denn wir müssen uns völlig lossagen von den Freuden des biologischen Lebens und

nur auf das Gute achten, um unseren geistigen Kern zu „schulen".
Der Verstand von Menschen reicht nicht aus, um in den Himmel zu gelangen. Alles, was wir auf der Erde so lieben, ist nur nützlich für unsere Lebenszeit von 100 Jahren. Wenn wir darüber hinaus existieren wollen, dann müssen wir uns so benehmen, wie es unserem Geist recht ist. Das ewige Leben mit unserem Fleisch und unseren Knochen ist eine Illusion.

Die Möglichkeit für uns ist ein zufriedenes Dasein von maximal 100 Jahren in Form eines guten und friedlichen Lebens miteinander, das dann die Aussicht eröffnet, auf ewig Teil von etwas zu Größerem zu sein, wofür es sich lohnt, ein Engel zu werden.

Jesus hat die Engel wie einen großen Wunschtraum beschrieben; in dieser Existenzform können wir nicht mehr sterben. Wir sind dann nur noch damit beschäftigt, auf unserer Erde für himmlisches Glück und mit den Menschen aktiv für eine bessere Welt zu sorgen. Das könnte sogar die Hoffnung wecken, dass die biologischen Menschen die bevorstehende Katastrophe noch abzuwenden vermögen.

In unseren Kirchen kommt das Wort „Geist" in der beschriebenen Form nicht vor. Es gibt nur die Rede, dass uns ein Geist zugeordnet wird, um die Verbindung zu Gott zu gewährleisten. Das ist zu wenig. Pfingsten ist lediglich eines der Feste im christlich verlaufenden Jahr. Man kann es ihnen nicht ankreiden, aber unsere Kirchenväter konnten damals mit einem Geist als Gott noch nichts anfangen.

Es drängt sich allerdings die Frage an uns auf, wie wir „Geist" heute definieren wollen. Es ist leicht zu sagen, dass alles

Geist sei, denn für unseren Verstand erscheint dieser erst sinnvoll, wenn wir auch zu erkennen vermögen, wie denn solch ein Geist beschaffen sein könnte. Aus meiner Kommunikation mit dem Geist ist mir nur die traumartige Vorstellung von Fragen in der Stille vor dem Schlafengehen in Erinnerung. Die neue Vorstellung war inzwischen schon in meinem Bewusstsein verankert. Ich bin sicher, dass parallel zu diesen Beobachtungen und Erfahrungen auch meine Handlungen anders verlaufen sind. Es ist oftmals noch über Nacht noch die eine oder andere Einsicht hinzugekommen zu dem, was am Tag noch Plan war, sich aber während der Nacht wohl gewaltig geändert haben muss. Sollte das schon die Allmacht Gottes sein? Jedenfalls haben meine Gebete in der Regel eine Änderung herbeigeführt. Hier könnte dann gedanklich ein Wechsel geschehen sein.

Die Frage nach der Allmacht des Geistes und der Freiheit des Menschen ist ein Gegensatz mit Grenzen. Unser Gebet entsteht zunächst aus dem Willen des biologischen Verstandes. Aber nur wenn wir, grob formuliert, dem *Abba* (Jesus, Papa) vertrauen, werden wir ihn auch um Rat bitten. Nur so kann uns der Geist weiterhelfen. Dieses Vertrauen wird sich aber nur bilden, wenn ganz langsam in uns die Überzeugung wächst, dort nicht umsonst anzuklopfen.

Es ist eine wackelige Angelegenheit. Im Ergebnis musste Jesus ja auch feststellen, dass es nur wenigen irdischen Geschöpfen gelingt, nach der Prüfung vor den Toren des Himmels von ihm eingelassen zu werden.

Der Universal-Geist muss in einer Dimension tätig sein, die wir schon als die vierte Dimension ansehen müssen. Wir haben keine Möglichkeit, Gott mit unseren Möglichkeiten zu hinterfragen. Nur die glücklichen Momente, wenn wir spüren, wie uns auf unerklärliche Weise geholfen wird, bringen das Vertrauen zu unserem Universal-Geist so weit, dass er unsererseits jedes Vertrauen genießt. Unser Gott-Geist lässt uns so lange zappeln, bis wir ihm vertrauen. Dann sind wir auch auf der richtigen Seite. Er benutzt unsere Hände für die Gestaltung unserer Erde in seinem Sinne, aber dies erfolgt unter der Regie der Menschen. Hier kann dann das bislang Undenkbare geschehen – dass selbst unter der Freiheit der Menschen ein himmlischer Zustand entsteht.

Das Ziel lautet:

„Auf dem Planeten Erde soll unter der Freiheit der Menschen, die ihm vertrauen, ein Leben wie im Himmel entstehen."

Danach keimt auch ein wenig die Hoffnung, dass unser geliebter Planet doch nicht den gierigen Menschen gemäß ihren Werten „Gier", „Macht" und „Herrschaft" anheimfällt. Wenn die Menschen ihre bisherige Existenz vergleichen können mit einem Leben wie im Himmel und einsehen, dass 100 Jahre in einer magischen Gier doch nicht der letzte Wille sein müssen, sondern ein ewiges Dasein in Leichtigkeit und Glückseligkeit die Alternative wäre, würde sich doch der bisherige schmale Pfad in den Himmel in eine viel befahrene Autobahn verwandeln: „Auf zum Geist".

Soweit die auf unseren Planeten bezogenen Gedanken. Aber das Beschriebene könnte ja eventuell in ganz anderer Form auch im gesamten Universum passieren. Hier wird mir dann aber schwindelig und ich möchte schleunigst aufhören, meine Phantasie überzustrapazieren.

Es sollte selbstverständlich sein, dass Christen unter den Begriffen ihres Glaubens alle das Gleiche verstehen. Allerdings gibt es wesentliche Änderungen, wenn man den neu übersetzten Erklärungen von Jesus gegenübersteht. Die Spiritualität erscheint als ein Grundbedürfnis der Menschen, wird aber von den Kirchen als Bindemittel genutzt, um die Anzahl der Besucher der Kirchen zu sichern.

Die Spiritualität ist für Religionen immer noch der Ausgangspunkt und die Grundlage des Glaubens, so ist dies auch nach wie vor bei Christen. Dieses Grundbedürfnis von Menschen wird auch von unseren Kirchen gepflegt und hält die Gläubigen zusammen, nicht zuletzt, um willig die Kirchensteuer zu bezahlen. Diese Rechnung geht aber nicht mehr auf. Die Wiedergeburt ist kein Ereignis des biologischen Körpers, sondern nur ein Wechsel der geistigen Form zu einem neuen Körper, also keine Reinkarnation! Von einer Wiedergeburt hat Jesus nicht gesprochen. Es sind leider nur fromme Wünsche. Jesus sieht den Geist als unser *Sein*. Der geistige Mensch wird unter der Widrigkeit des biologischen Körpers getestet. Wer im irdischen Leben sein Sein bewährt oder wenigstens verbessert hat, dem steht die Aufnahme in den Himmel offen. Die Möglichkeit, die Anforderungen des Himmels zu erfüllen, kann in mehreren Durchgängen verbessert werden. So erfolgt der Wechsel in einen neuen, anderen biologischen Körper. Solch ein Vorgang ist für einen biologischen Verstand schon ein harter Brocken, aber dies ist „die Wahrheit", für die Jesus auf die Erde gekommen ist. Eine Wiedergeburt des biologischen Körpers und dann auch noch mit einem eingeschränkten Verstand ist zwar von uns Menschen so sehnlichst gewünscht, aber leider nicht vorgesehen.

Aber dass die selbstsicheren und dann auch kommerziell erfolgreichen „großen" Menschen in Wahrheit eigentlich die Dummen sind, das gibt das leere Gehirn nicht her. „Es ist leichter, dass ein Kamel durch ein Nadelöhr geht, als dass ein Großer in den Himmel kommt." (Matthäus 19,24) Irgendwie muss sich der Geist in den leeren Köpfen einstellen.

Die selbstsicheren Menschen, die völlig auf ihren eigenen Körper setzen, sind leider die Dummen. Ihr Gehirn gibt dann auch das Wissen um den Geist nicht her und sie bleiben dann am Ende die Dummen. Die Wende lässt sich nur erreichen, wenn man sich dem Geist annähert und ihn zu handhaben lernt. Das geht durch eine andere Form unserer Gebete. Hier muss man sich zurücknehmen und sich nur eingestehen, nicht zu wissen, worin eine gute Lösung bestehen könnte. Wer damit in den Gedanken Veränderungen spürt, die für einen Ausweg aus unseren Problemchen gut sind, der kann auch Vertrauen aufbauen. Für den wird der Geist-Gott auch eine ständige Hilfe sein.

Vertrauen auf den Geist

In unserem täglichen Handeln haben wir es ständig mit anderen Menschen zu tun, und wir müssen auf alles um uns herum vertrauen können. Menschen, denen wir nicht mehr vertrauen, werden wir bald den Rücken kehren. Wenn uns der Kühlschrank dauernd im Stich lässt, ist ein neuer Kühlschrank angesagt. Man kann sogar sagen, dass Vertrauen notwendig ist, um überhaupt einen Schritt vor die Tür zu gehen; und dann müssen wir auch noch zu Hause sicher sein, dass wir uns selbst vertrauen können. Vertrauen ist also schlicht die Voraussetzung für alles *Tun* und *Lassen*. Wenn wir aber über etwas nachdenken, was mit Gott zu tun hat, gibt es bislang immer noch eine große Grauzone, die unser biologischer Verstand so schnell nicht erschließen kann.

Und dann noch einem Geist vertrauen, das gibt dann ein allgemeines Gelächter – dumm gelaufen! So geht das unter Menschen. Aber wer sich durchringt, dem Gott-Geist zu vertrauen, der fühlt sich nach kurzer Zeit so getragen, dass er das Gelächter mit einem wohligen Schmunzeln beantwortet. Vertrauen erlangt man durch gute Erfahrung, die man mit seinem Partner hat.

Das gilt auch im Verhältnis zu unserem Gott-Geist. Er steht uns zwar nicht als Person gegenüber, aber das Beten ist uns ja bislang auch noch nicht vergangen. Danach sollten wir aber aufmerksam werden für das, was sich in unseren Gedanken verändert und was sich an einem neuen Morgen scheinbar „durch Zufall" so alles ergeben hat. Nach einigen positiven Überraschungen wird sich eine Wende ergeben, die uns darauf aufmerksam macht, wie sich unsere Vorstellungen verändern und wie uns konkrete Hilfen zuteilgeworden sind. Wenn dann der Funke überspringt, wird es uns selbstverständlich, dass dies das Wirken des Gott-Geistes ist. Ich kann hier aus eigener Erfahrung berichten, dass ein Vertrauen zu unserem Gott eine stabile Ruhe im Kopf zur Folge hat. Dieses Vertrauen ist der Weg, um in unserem Leben ruhig durchatmen zu können und unserem eigenen Geist nach dem Tod eine Chance zu geben, für ewig ein Engel zu werden.

Der Geist Gottes ist das komplette Gegenstück zu unserem „natürlichen" *Ego*. Der Gott-Geist macht die Arbeit und hat mit Jesus seine Hilfe geschickt. Die Wende in unserem Leben heißt Vertrauen auf Gott als Geist in uns.

Eigener Wille

Die Lösung unseres Problems ist durch unsere Institutionen nicht mehr möglich, und unsere Welt ist mit den bestehenden Regierungen nicht mehr regierbar. Alle Organisationen verfolgen ihre eigenen Interessen, ebenso wie die einzelnen Menschen. Dies könnte das Ende der menschlichen Kultur auf unserem Planeten bedeuten. Die sich anbahnenden Naturkatastrophen und die Aussicht auf das Versiegen der Ressourcen der Erde sind das Ergebnis unseres Abstands vom Paradies. Unser Verstand hat es vermocht, über unseren tatsächlichen Bedarf hinaus sinnlose Spielereien zu produzieren, die dem Wesen des Menschen von Anfang an nicht zuträglich waren. Das Problem liegt in der unlösbaren Parallelität von Selbstbewusstsein und bewusster Freiheit unseres Handelns.

Der schöne fromme Spruch „So nimm denn meine Hände ..." ist in diesem Kontext absolut unproduktiv. Wir sind auf der Erde vielfältig und technisch begabt groß geworden, nicht um uns hier einige Jahre zu belustigen, sondern um etwas Gutes zu schaffen. Uns ist ein eigener Wille gegeben, der uns in Bewegung setzen sollte, um hier eine himmlische Welt zu schaffen. Offensichtlich haben wir das nicht verstanden. Stattdessen sind wir damit beschäftigt, uns selbst herauszukehren. Das ist eine Fehlentwicklung. Ein Leben auf der Erde, wie wir es derzeit praktizieren, ist unnütz.

Es könnte jedoch auch ganz anders sein: Stellt euch vor, wir würden unsere Freiheit als Motor begreifen, Gutes zu tun! Stellt euch vor, diese Idee würde sich allgemein verbreiten ... Wir können uns bisher nur wundern und uns eine solche Selbstlosigkeit nicht vorstellen. Was uns Jesus berichtet hat, ist genau das, was von uns erwartet wird. „Mein Gott", man müsste sich nur einmal ausmalen, in welch einer großartigen Welt wir heute leben könnten. Es ist jedoch noch nicht aller Tage Abend, auch wenn die Katastrophe bereits wissenschaftlich publiziert wird.

Der natürliche Eigenwille, der uns oft hässlich begleitet, ist Teil unserer biologischen Entwicklung. Mit dem Beginn des Lebens auf der Erde waren die Fragen, die wir Menschen uns heute stellen, noch nicht aktuell. Das Wachstum der Pflanzen und das Prinzip „Fressen und Gefressenwerden" sind Teil unserer biologischen Vergangenheit. Danach trat die „Implantation" der Seele ein. Dieser Prozess hat von Anfang an in der allgemeinen geistigen Substanz langsam zu dem Menschen geführt, der sich seinem

Gott verpflichtet fühlt. Es scheint, dass diese Entwicklung mit dem Erscheinen Jesu in eine entscheidende Phase eingetreten ist. Uns und dem Leben auf der Erde läuft die Zeit davon.

Unser Glück beginnt erst mit einer Zuwendung zueinander. Wir haben als großes Vermächtnis von Jesus „schwarz auf weiß" die Regeln für ein glückliches Dasein, und damit würden wir auch als biologische Geschöpfe unser Glück auf Erden finden. Gleichzeitig könnten wir Institutionen schaffen, deren Aktivitäten nicht in Hass, Neid und Krieg enden. Natürlich streben wir alle das Gute und Freundliche an, doch in der Umsetzung, wenn es um einen neuen Anfang geht, bricht das Ego der Menschen wieder auf. Hier hilft nur die so nahe liegende Hilfe von Gott.

Unser Verstand, sein Verstehen und Jesus

Mit unserem Verstand und der Erkenntnis, die wir über Jahrtausende gesammelt haben, haben wir um uns herum und in uns eine Welt geschaffen, die heute kein Mensch mehr in allen Einzelheiten versteht. Dafür haben wir Fachkräfte. Hier müssen wir zugeben, dass wir uns insgesamt persönlich übernommen haben. Deutlich erkennt man das daran, dass wir selbstverständliche Dinge, z. B. das Fahrradfahren, mühelos beherrschen, aber von dem Prozess, das Gleichgewicht zu halten, keine Ahnung haben. Was wir unserem Verstand alles beigebracht haben, übersteigt oft unser eigenes Verständnis. Es ist mir ein Rätsel, wie der Verstand so lernfähig sein kann und wie er beispielsweise das Gleichgewicht auf dem Fahrrad ausbalancieren kann. Ein weiteres Beispiel kommt mir in den Sinn: Ich habe einmal versucht, einen menschlichen Körper in seinen Umrissen nachzuformen. Man weiß, wie der Körper aussieht, aber das mit Gips und Händen zu gestalten, übersteigt auch wieder unser großartiges Verständnis, jedenfalls können das nur wenige.

Wir Menschen haben in Millionen Jahren unserer Existenz viel dazugelernt, müssen jedoch am Ende erkennen, dass uns ein gutes Stützgerüst mehr als notwendig ist. Wir brauchen immer wieder Hilfe, um zwischen Gut und Böse zu unterscheiden. Hier hilft uns oft der Geist in unseren Gedanken. Doch der Weg zum Verständnis ist noch lang.

Es mag überraschend erscheinen, aber unsere vielen mehr oder weniger spontanen Gedanken sind eine große Hilfe für den Verstand, um gute Lösungen zu finden. Dies ist nicht immer unmittelbar zu verstehen. Ich habe mich bemüht, mit der Hilfe Jesu den Weg zu finden und bin nun glücklich, es auch anderen mitteilen zu können. Ja, das mag anmaßend erscheinen ...

Dabei fällt mir ein, dass Jesus nach seiner Kindheit wohl auch nicht sofort seine ganze Botschaft parat hatte und zunächst auf Wanderschaft ging. Wie es vor 2000 Jahren mit ihm ging, wissen wir nicht genau. Er meldete sich etwa mit 20 Jahren wieder in Judäa und nahm Schüler mit, die das taten, was Jesus wirklich von oben mitbekommen hatte. Zusammen waren sie über Jahre in Judäa, und Jesus machte sich bekannt durch seine zahlreichen Heilungen und am Ende auch durch seine Streitgespräche rund um den Tempelberg. Seine Jugendjahre soll er in Indien und am Jordan verbracht haben, wo er im Tempel der Juden predigte.

Als Jesus versuchte, bei den Juden seine neue Botschaft zu verbreiten, gab es bereits eine klare Formulierung dessen, was Gott von uns erwartet. Diese ist im Alten Testament (oder in unseren Schulbüchern) in den 10 Geboten nachzulesen. Jesus würde dazu sagen: „Ich war schon vor Abraham auf der Erde und anschließend in der Geisteswelt bei unserem Gott." Von dort aus konnte ich über Jahrtausende beobachten, welche idealen Vorstellungen es gibt und welche Irrungen und Wirrungen in den Religionen der Menschen vorhanden sind." Daraus entstand der Wunsch, den Menschen die Wahrheit zu verkünden.

Die Zeit war vor 2000 Jahren jedoch noch nicht reif für diese Botschaft. Die Erkenntnisse reichten nicht aus, um mit dem Wort „Geist" umgehen zu können, und das ist der zentrale Punkt unserer neuen Religion. Das, was heute als Christentum gilt, lässt sich auch in den Gedanken der Physiker unterbringen. Hieraus sollten wir einen Neubeginn starten.

Zu Jesu Zeiten hatte die Religion über den Judengott nur eine Vorstellung davon, dem unsichtbaren Gott zu gehorchen. Das Musterbeispiel sind die 10 Gebote. Sie entstanden aus den ersten Gesetzen in Ägypten und spiegeln den Anfang der Entwicklung hin zu Jesus: Gottes-Geist. In Ägypten herrschten die Pharaonen, die den direkten Kontakt zur Sonne suchten, die für das Agrarland A-min lebenswichtig war. Moses hat sich bei dem Auszug aus Ägypten (am brennenden Dornenbusch) auf dem Sinai die so gut funktionierenden Regeln der Ägypter zu eigen gemacht und den neuen Codex für sein Volk mit nach Hause genommen. Diese 10 Gebote beginnen typischerweise mit den Worten: „Ich bin der Herr, dein

Gott, du sollst keine anderen Götter neben mir haben." Zur Disziplinierung der Untertanen gab es all die 10 Regeln, die er für nötig hielt, um am Jordan wieder Tugend und Ordnung zu schaffen. Dass diese 10 Gebote, die Moses schon zwischen dem 14. und 13. Jahrhundert v. Chr. auf dem Berg Sinai vom Gott erhalten hat, bis heute ihre Gültigkeit behalten haben, ist doch wohl etwas befremdlich (ich würde mit Franz Alt sagen: Lesen, was Jesus wirklich gesagt hat). An diesem Punkt wird das große Dilemma sichtbar: dass in unserer Welt die Organe und Hilfen von außen immer noch davon ausgehen, dass Disziplin die Notwendigkeit einer tragfähigen Ordnung ist.

Gott sei Dank – Jesus hat es besser gewusst und er wusste auch schon, was unsere Physiker heute vor sich hertragen, nämlich dass eine geistige Wirkkraft die Schaltstelle für alles Dasein und dessen Entwicklung darstellt. Die ersten Ahnungen waren bei uns schon angekommen; Hegel schrieb schon im 18. Jahrhundert über das Phänomen des Geistes. Sein Zeitgenosse Goethe nannte den Geist (in Goethes „Faust") schon den Stoff, der die Welt im Innersten zusammenhält. Das alles mündet dann in der fantastischen Arbeit des Pfarrers Günther Schwarz, der die wörtlichen Reden von Jesus, von denen es noch etwa 100 Zitate gibt, zur einzig tragbaren Basis des Christentums gemacht hat. Diese Sammlung dessen, was Jesus wirklich gesagt hat, ist ein verständliches, tragbares Gerüst für ein neues Christentum. Es ist nicht nur ein stabiles Gerüst, sondern kann in jedem Verstand ständig mitgeführt werden. Und wo der Wortlaut nicht mehr parat ist, gibt es eine Standleitung in den Himmel – zu unserem Gott-Geist.

Religion und Christentum

Auf dem Weg zum neuen Regelwerk

Pfarrer Günther Schwarz hat sich in Hannover mit der alten Sprache des Aramäischen auseinandergesetzt. Nachdem er so das Aramäische erlernt hatte, holte er die Worte Jesu in ihrer Originalfassung zurück. In dem Sinne kann man sagen, dass die wahre Botschaft direkt aus dem Himmel ohne Umwege zu uns kommt. Der Weg der neuen Botschaft ist ein direkter geworden, aber die Menschen, die sie betrifft, sind immer noch die gleichen. Die biologische Hülle von uns Menschen stellt im Alltag ein großes Hindernis dar, unmittelbar auf die Vorstellungen von Jesus einzugehen.

Die Unterschiede gegenüber den uns geläufigen Berichten über Jesus eignen sich dafür, dass uns das Herz höherschlägt. Die Unterschiede bei dem Vergleich mit den Lehren unserer aktuellen Kirchen sind dramatisch. Wenn Jesus seiner „Gottesmutter" erklärt „Keiner weiß, woher ich komme und keiner weiß, wer ich bin ...", dann steht unsere konventionelle Vorstellung von Gott schon auf dem Kopf. Jesus behauptet nie, selbst ein Gott zu sein, sondern nur ein Bürger des Planeten, der es aber an die Seite seines *Abbas* gebracht und den Weg zu ihm gefunden hat.

Unser Gott ist nach seinem Bericht kein materielles Wesen, sondern geistig, dieses Wesen ist so die Grundlage allen Seins, es ist nicht nur auf der Erde und im gesamten Universum, sondern zeitlich und räumlich immer und überall.

Gott ist Jesus zufolge alles, was es gibt. Er ist nicht nur der Stoff allen Seins, sondern auch gleichzeitig der Geist in allem. Jesus war sich aber wohl bewusst, welcher Spezies er auf der Erde gegenüberstand, und hat uns deshalb in einer überwältigenden Fülle an Beispielen ermöglicht, diese neue Wahrheit zu verstehen. Er hat auch nicht mit Hinweisen zu Verhaltensweisen in unserem täglichen Kampf mit der Wahrheit gespart. Das alleine bringt bereits neue Sicherheit in unsere Köpfe.

Die hundert wichtigsten Sätze und Abhandlungen, wie sie z. B. Franz Alt in seinem Buch „Was Jesus wirklich gesagt hat" publizierte, sollten wir immer wieder lesen und dadurch neue und wertvolle Hinweise für unser tägliches Leben erfahren.

Der größte Umschwung, den das Erscheinen Jesu bewirkt hat, liegt in der Erkenntnis, dass wir zu unserem Gott sozusagen eine „Standleitung" besitzen. Die Kommunikation findet verdeckt statt. Wenn unser Verstand, bei mir selbst besonders am Abend vor dem Schlafengehen, für uns arbeitet, unsere Erfahrung einzubringen versucht, Entscheidungen findet und sich letztlich zu einer Einstellung durchquält, nehmen wir diesen Vorgang in unseren Gedanken wahr.

Hier lässt sich dann in der Regel beobachten, dass die Gedanken von anderen Quellen beeinflusst sind. Meist bestimmen Erleichterung und Freude über eine gelungene Entscheidung am nächsten Tag ohne Wenn und Aber unser Handeln.

Jesus sagt „Wenn ihr denn zur Ruhe gekommen seid, dann werdet ihr eine Stimme hören ...". Die Stimme steht nach der Übersetzung durch Günther Schwarz für eine sehr unterschiedliche

Wahrnehmung – in Sprache, Bildern, Videos oder dunklen Wolken kann sie vernommen werden. Die Wirkung, die wir dadurch erfahren, ist aber eindeutig.

Neben dieser im täglichen Umgang so hilfreichen Einwirkung unseres Gott-Geistes hatte Jesus aber auch sozusagen das Gesetzbuch für die christliche Lehre seinen Jüngern ins Gedächtnis gerufen. Es geht hier um sehr praktische Dinge wie seine Warnung, es mit der Wahrheit auch in den kleinsten Kleinigkeiten ernst zu nehmen. Beim Lesen dieser oft als Geschichten dargebotenen Hinweise (z. B. „Der verlorene Sohn") sind einem Kirchgänger die Inhalte eigentlich geläufig. Die neue Übersetzung durch Pfarrer Schwarz ist aber wesentlich strenger in ihrer Formulierung, und die Stellen in unserem Neuen Testament erscheinen dabei als oberflächlich.

Was Jesus wirklich gesagt hat	Neues Testament
53. Das Kapital ruiniert die Wirtschaft. *„Hütet euch vor der Habgier! Denn Leben wird den Menschen nicht zuteil, weil sie viele Güter haben."*	LK 12, 15 RÜ Dann sagt er zu den Leuten: Gebt Acht, hütet euch vor jeder Art von Habgier. Denn der Sinn des Lebens besteht nicht darin, dass ein Mensch aufgrund seines großen Vermögens im Überfluss lebt.
8. Was will Jesus? *„Ich kam auf die Erde, um eine Fackel anzuzünden. Und wie wünschte ich, sie lodere schon!"*	LK 12, 49 Ich bin gekommen, um Feuer auf die Erde zu werfen. Wie froh wäre ich, es würde schon brennen!

Für Jesus bedeutet das Leben nicht die biologische Existenz, die wir dabei im Kopf haben, sondern das geistige Leben, in das auch das Leben nach dem Tode einbezogen wird. Das soll den Blick von dem Leben auf der Erde ablenken und an das ewige Leben erinnern. Der Unterschied der Formulierung von Franz Alt und derjenigen der Bibel liegt in dem Wort „zuteilwerden".

Desaster des Neuen Testaments

Unser Christentum basiert auf der jüdischen Religion und hat eine etwa sechstausend Jahre alte und belegte Vergangenheit. Es ist die einzige Religion, die sich nahtlos auf schriftliche Zeugnisse beruft. Den beachtenswerten Anfang bildet der Satz „Am Anfang war das Wort und das Wort war bei Gott." (Johannes 1, 1–18) Die Geschichte von Adam und Eva, die mit der Warnung beginnt, dass die beiden – als Repräsentanten der ersten Menschen – nicht vom Baum der Erkenntnis essen dürfen, stellt ein Verbot dar, dem Fortschritt abzuschwören. So sind Menschen aber nicht gemacht. Das Streben der Menschen nach einer Verbesserung ihrer Lebensbedingungen ist im Zentrum ihres Denkens angelegt. Ihr Verstand gibt ihnen die Chance, nachzudenken, und das ist auch bis heute die Quelle, die Lebensumstände immer „besser" gestalten zu wollen. Der verstandesmäßige Durchmarsch verhindert allerdings, ein wenig tiefer zu graben, oder anders ausgedrückt – einen Gott zu Wort kommen zu lassen.

Die Vorstellung der Menschen hat auch von Anfang an den Gottesglauben mit im Visier gehabt. Die Thora berichtet schon lange vorher von einer Geschichte – von Abraham, der auf den Befehl seines Gottes seinen Sohn töten sollte. Das Verhältnis zu seinem Gott sollte damit allerdings nur auf die Probe gestellt werden, und als Abraham es tun wollte, hat der liebende Gott ihm die Hand zurückgehalten. Dies ist das Grundschema des jüdischen Glaubens, es wird in der Thora stetig wiederholt. Die Forderung nach Disziplin gegenüber dem Allmächtigen ist der Beginn der Geschichte mit Gott. Es ist bemerkenswert, dass es hier schon einen Dialog zwischen dem Menschen und ihrem Gott gab.

Das Alte Testament enthält die Geschichten, die sich zwischen den Menschen und dem Judengott ereignet haben. Für die Glaubensväter waren die Juden das auserwählte Volk Gottes. Sie hofften über Jahrhunderte, dass ihre „Größe" einmal von dem Messias, dem König der Könige, zu einer unbegrenzten Mächtigkeit geführt würde. Kurz vor unserer Zeitrechnung gab es dann die ersten Hinweise auf die Ankunft des Messias.

Angekommen ist dann, etwas abseits des Judenvolkes, bei den Aramäern (im heutigen südlichen Syrien) der Jesus des Neuen Testamentes. Dieser machte sich auf den Weg nach Jerusalem und fand dort eine Welt vor, die nach seiner Feststellung im Dunkeln tappte. Von den Pharisäern und Schriftgelehrten war der Glaubensinhalt auf mehrere Feste und besonders auf Vorschriften über das äußere Verhalten der Gläubigen komprimiert worden. Die Verfehlungen, die Sünden mussten durch Opfergaben getilgt werden, die dann den Klerikern zugutekamen.

Das war für Jesus nur zum Haareraufen, denn bei Jesus war alles anders. Er war schon vor der Zeit Abrahams Bürger unseres Planeten gewesen. Durch den Geist-Gott wurde er dann wieder auf die Erde gesandt, um den verirrten Gläubigen eine Fackel anzuzünden und ihnen die Wahrheit zu verkünden. Jesus erklärte die

Menschen zu einzelnen Kindern seines *Abbas*, von dem sie alle Liebe Gottes empfangen konnten, wobei ihnen sogar eine direkte Verbindung im Geiste möglich war. Damit waren natürlich die Schriftgelehrten und Pharisäer überflüssig. Von Pontius Pilatus wurde aber die Kreuzigung nicht hauptsächlich deshalb befohlen, weil Jesus in Konflikt mit den Schriftgelehrten geriet, sondern weil er mit dem Anspruch, König der Juden zu sein, einen politischen Anspruch erhob, wodurch er in Konflikt mit der einzigen offiziellen politischen Autorität geriet: dem römischen Kaiser.

Aus der Lehre Jesu stammt die nach ihm, dem Gesalbten, benannte Religion des Christentums. Jesus hatte als seine Begleitung eine größere Anzahl an Frauen und Männern um sich und war ständig darauf bedacht, ihnen die sehr umfangreiche neue Botschaft in Sätzen nahezubringen, die sie auch fest im Gedächtnis behielten, um sie dann ihrerseits in der gesamten Welt zu verbreiten.

Das Ergebnis in schriftlicher Form ist der Teil der Bibel, der sich das Neue Testament nennt. Hier sind es in erster Linie die Evangelisten Matthäus, Markus, Lukas und Johannes, deren wirkliche Namen wir aber nicht kennen. Hinzu kommen noch die Offenbarung und besonders die Briefe von Paulus sowie die Psalmen. Wenn ich heute in dem Neuen Testament lese, macht sich bei mir allerdings eine große Enttäuschung breit. Was ich heute als die Botschaft von Jesus im Kopf habe, ist dort durch lauter wirkungsvolle Geschichten überdeckt worden. Die Evangelisten beschreiben akribisch alle Wanderungen der Jesusgruppe und die unglaublichen Wundertaten des Heilands. Das hat die Verbreitung des Christentums gefördert, denn die Aufmerksamkeit hat Jesus dadurch auf sich gezogen, dass er in seiner Funktion zwischen seinem *Abba* und den Menschen für Heilungen und Vermehrung der Nahrungsmittel für die Gruppe und das Gefolge sorgte. Jesus hatte teilweise bis zu viertausend Menschen um sich versammelt, deren Ernährung er dann sicherstellen musste. Die Menschen stellten in ihrer Bewunderung für den Heiland auch ihre Wohnungen zur Verfügung, mit Schlafplätzen für die Jünger und die Frauen seines Gefolges. Sie schleppten in der Regel eine große Zahl kranker Menschen mit sich, und Jesus nutzte die Zeit, egal ob morgens, abends oder am Sabbath, um die Menschen, denen er helfen konnte, wollte oder durfte, zu heilen. Jesus war dabei wichtig, dass nicht er die Menschen heilt, sondern das Vertrauen der Patienten zu ihrem Gott. Die Meinung der Menschen „Er hat Vollmacht" wollte er so nicht gelten lassen. Auch in seinen wahren Worten legte er immer Wert darauf, dass sich alles um das Vertrauen zu Gott dreht. Die vordergründige Botschaft von Jesus war, den Menschen zu erklären, dass jeder, der sich an *Abba* wendet, damit rechnen kann, dass ihm geholfen wird.

Sobald er selber als ein großer Meister gefeiert wurde, sagte er ganz dringend: „Denn wie der Vater die Toten auferweckt und macht sie lebendig, so macht auch der Sohn lebendig, welche er will." (Korinther 5:21) Wenn er sich an den *Abba* wendet, dann kann ihm geholfen werden, das war überhaupt die Grundaussage von Jesus. *„Wer Abba vertraut, kann geheilt werden."*

In den Predigten und den anschließenden Diskussionen hat Jesus wohl die Grundzüge seiner neuen Lehre verkündet, dies ist aber in der Euphorie des Volkes angesichts seiner Heilungen untergegangen. Die Berichte der Evangelisten enthalten deshalb auch nur sehr wenige wörtliche Reden von ihm. Aber genau das, was davon in den Evangelien überliefert wurde, ist es wert, als die allumfassende Lehre des Christentums zu gelten. Leider sind die wahren Worte von Jesus bisher nicht ausreichend in unseren christlichen Gemeinden beachtet worden. Die größte Anziehungskraft für die junge Christengemeinde ging von dem Versprechen einer Auferstehung des biologischen Körpers aus. Der Ursprung lag in dem Aufschrei der Maria Magdalena am Ostermorgen: „Er ist auferstanden! Er ist wahrhaftig auferstanden." (Quasimodogeniti, Predigt 1. Petrusbrief 1, 3–9) Das war reihenweise eine falsche Interpretation. Jesus ist nicht am Kreuz gestorben. Er wurde in eine Grabesstelle, die ein griechischer Kaufmann für sich bereitgehalten hatte, eingebettet. Er ist dort wieder zu Bewusstsein gekommen und hat sich auf den Weg gemacht zu seinem Gefolge. Maria Magdalena hatte die leere Grabesstelle vorgefunden und konnte sich dies nur durch eine Auferstehung erklären.

Das wichtigste Zugpferd für das sich bildende Christentum war der Aufschrei der Maria Magdalena am Ostermorgen: „Er ist auferstanden!" Diese Botschaft war das stärkste Argument für die Noch-nicht-Christen, sich dieser Glaubensrichtung anzuschließen. Und das war auch der erste und größte Irrtum der christlichen Überlieferung. Diese Chance einer Auferstehung beinhaltet den dringlichsten Wunsch der Menschen, dass nach dem Tod nicht alles vorbei sein möge. Der Tod von Menschen ist die schlimmste Tatsache, die jeder Einzelne ständig verdrängen muss und die er oder sie sogar mit großer Freude zumindest in der Illusion einer Auferstehung bändigen kann. Jesus sagte dazu aber: „Wenn ihr gestorben seid, dann kommt ihr (als Geist) an den Toren des Himmels vorbei und werdet einer Prüfung unterzogen." (Zitatnummer 31 aus dem Werk von Franz Alt sowie Lukas 13, 24) Das ergibt dann eine Beurteilung des in der geistigen Form existierenden Menschen, denn der biologische Teil verbleibt ja auf der Erde. Das Ergebnis führt dann zu einer direkten Übernahme in den Himmel oder, abgeschwächt, zu einem weiteren Zyklus auf der Erde, also einer Wiedergeburt des geistigen Menschen. Hiermit wird dann zugunsten der Menschen der Strenge des Sterbens eine Alternative gegenübergestellt, durch die sie dann endgültig in den Himmel aufgenommen werden können. Die Angst des Menschen ist damit aus der Welt geschafft und wird durch die unendliche Liebe Gottes ersetzt.

Diese Neufassung des Verhältnisses zwischen Gott und den Menschen, entsprechend den Berichten Jesu, konnte allerdings zweitausend Jahre lang von den Christengemeinden nicht übernommen werden. Die wahren Worte Jesu wurden nicht in den Vordergrund gestellt, sondern, wie man in den Briefen von Paulus gut nachlesen kann, von der Großartigkeit Gottes, der Herrlichkeit im Himmel und der Liebe unter den Menschen in allen theoretischen Varianten überdeckt.

Bis hierhin waren die Berichte über das Auftreten Jesu ja noch richtig interessante Geschichten, und das wird auch bis heute noch gerne gelesen und von den Kanzeln verkündet. Genau an dieser Stelle reift die Erkenntnis, dass damit der Kern der Botschaft, die Jesus auf die Erde gebracht hat, in einem Missverständnis untergegangen ist. Aber selbst, wenn es jemand könnte: Wer würde schon die Menschen in der Zeit von Jesus befragen wollen, warum sie die anderslautenden Erklärungen des Meisters nicht aufnehmen konnten? Es geht hier um Jesu Aussagen „Gott ist Geist" und „Mensch ist Geist", die nicht bei den Menschen angekommen sind. Die Aufnahme der Botschaft, die ja letztlich auch Jesus von seinem Gott *Abba* mitgebracht hatte, war den Menschen so fremd, wie es einem Schulanfänger unerklärlich ist, wie von irgendwoher das Bild auf den Fernseher gelangt.

Es sind in unserem Neuen Testament eben nur Geschichten. Aber wie wäre es, wenn wir Jesus noch einmal zu uns bitten könnten, um ihn zu fragen, wie es denn da oben aussehe, wie man denn dort hingelangen könne und vor allem, was wir wohl von unserem irdischen Dasein im Himmel wiederfinden würden? Es gab mal eine Fernsehserie „Heimat", die sich über Generationen zog und am Ende mit einem lauten Getöse, einem Fest des Wiedersehens auch mit den Verstorbenen, zu Ende ging. So hatte ich dann nach dem Abschluss dieser Fernsehserie wirklich eine schöne Vorstellung, wie es im Himmel sein könnte. Leider wird es so nicht sein. Ja, wenn wir nur Jesus hätten, hier und heute und ihn mal persönlich fragen könnten.

Wieso „hätten"?! Wir haben doch die wörtlichen Reden von ihm. Sie stecken verdeckt in unserem Neuen Testament. Günther Schwarz zeigte sie uns und Franz Alt publizierte sie. Dieses Studium der wahren Worte Jesu und die gute Hilfestellung, die uns

Franz Alt mit seinen Erklärungen gegeben hat, sind der Weg, in Form einer Neufassung die christliche Botschaft aufzunehmen und zu verstehen.

Die heutigen Kirchen und Gemeinden

Es war ausgerechnet eine Fernsehsendung. Gert Scobel hatte dieses Mal Wissenschaftler um sich versammelt, die zu dem Schluss kamen, dass alle Geistigkeit ja am Ende in Religion münde. Das war noch ganz locker, doch dann meldete sich ein Wissenschaftler mit der Botschaft, dass die eigentlichen Träger der Geistigkeit, die Kirchen, ja wohl in kurzer Zeit ihre Existenz einbüßen würden. Das Neue Testament sei verständlicherweise für die Menschen des dritten Jahrtausends nicht mehr zugänglich. Die Ausführungen dazu waren für mich äußerst schmerzhaft, aber bei dem Ergebnis, dass die Kirchen keine Zukunft mehr und so etwa in vierzig Jahren auch keine Mitglieder mehr hätten, führten dazu, dass ich einen Moment lang die Luft anhielt. Die Leere der Kirchen hängt wesentlich mit der Lehre der Kirchen zusammen. Die heutige kirchliche Lehre nämlich hat oft mit Jesu Lehre nichts mehr zu tun. Asche statt Feuer! (Zitat von Franz Alt aus dem Buch „Was Jesus wirklich gesagt hat"). Natürlich wurde in der Sendung der Zustand der katholischen bzw. der evangelischen Kirche als traditioneller Hort der Spiritualität diskutiert. Was dort zutage kam und gesagt wurde, hatte ich in dieser Dramatik noch nicht wahrgenommen. Durch die vielen Kirchenaustritte, die sich stetig steigerten, und die Aussicht, dass durch fehlende Mitglieder unsere Kirchen im Jahr 2060 nicht mehr existieren würden, wurde mir vollkommen klar, dass die Existenz auch meiner Kirche grundsätzlich bedroht ist. Diese Bedrohung würde auch mit der Einschätzung der Wissenschaftler zum Ende der Lebensgrundlagen auf dem Planeten zusammentreffen.

An den religiösen Inhalten hat sich auch in der Zeit nach Jesus grundsätzlich nichts geändert. Im Judentum gibt es nach wie vor nur den Tempel als Ort der Verkündigung und mehr als 600 Regeln für das Verhalten der Menschen. In den Kirchen unserer Gegenwart stehen die „Gottesdienste" der Gemeinden im Vordergrund. Die einzelnen Sonntage haben Namen bekommen, wie auch die großen Festtage. In diesem Rhythmus wird eine Botschaft verkündet, die von der Liebe Gottes handelt und von den guten Taten und Verhaltensweisen, zu denen wir Menschen aufgerufen sind. Von dem Universalgeist Gottes und von dem Geist in den Menschen, dem eigentlichen Sein, ist keine Rede. Aber genau das ist die Wahrheit, die Jesus uns hinterlassen hat.

Auch die Zuordnung von Gott, Jesus und Heiligem Geist wurde plump in der Dreieinigkeit zusammengefasst. Diese ist schlicht, verständlich und eine verlegene Hilfskonstruktion aus dem Unverständnis heraus. Gott ist kein Mensch, also auch kein Vater. Jesus ist nicht Gottes Sohn und auch kein Sohn der Maria, sondern, einfach gesagt, vom Himmel zur Erde herabgekommen. Dabei ist es aber durchaus so zu verstehen, dass Jesus als geistige Identität in den Körper des von Maria und Josef gezeugten Jungen, den sie Jesus nannten, einging. Jesus, der als Engel (Geist) zur Erde gekommen ist, könnte auch genauso gut ein Paket Energie mitgebracht haben, um daraus seine Hülle zu schaffen. Ich könnte mir vorstellen, dass er als junger Mann in die zahlreiche, bunte Familie von Maria hineingestolpert ist und dort bereitwillig aufgenommen wurde.

Der Heilige Geist als eine Flamme, die über die Menschen ausgegossen wird, erscheint mir nun wirklich als Widerspruch zum Geist. Sie ist lediglich da, um eine Brücke zu bauen, weil es damals nicht möglich war, einem Menschen verständlich zu machen, was wir heute unter „Geist" verstehen. Die Beschreibung wird auch durch einige Bibelstellen und Aussagen von Jesus unterstützt: „Es ist wichtig, dass ich jetzt von euch gehe, denn Abba wird euch einen Tröster senden, und diesen Tröster könnt ihr nur bekommen, wenn ich wieder im Himmel bin." (Johannes 16,7) Was die Christenheit heute ausmacht, wird mit wachsender Erkenntnis im Denken der Menschen immer belangloser. Mein Vater beantwortete alle Fragen zu Gott immer damit, dass er vor sich hinmurmelte „trinkt, Brüderlein, trinkt".

Ich fing im Gottesdienst früher aus der Langeweile heraus auch oftmals an zu summen

> „Trink, trink Brüderlein trink
> meide den Kummer und meide den Schmerz
> dann ist das Leben ein Scherz"

– sonst aber auch nichts! Wo sind wir da hingekommen? Ich erlebte oftmals Zeiten der Verzweiflung, weil mir die Bibel so wertvoll war, aber beim Lesen konnte ich vieles nicht verstehen, sodass sich nur noch Ratlosigkeit ausbreitete.

Meine Familie und ich blieben aber auch in Kassel unserer Kirche treu. Mein Sohn hat das Orgelspiel erlernt und den Gottesdienst im Altenheim oder auch gelegentlich in der Kirche begleitet. Ich hatte nach einer Anregung eines Jungen aus der Nachbarschaft dort auch eine Jugendgruppe aus katholisch und evangelisch Getauften zusammengeführt. Der Mittelpunkt war eine gemeinsam gebaute Theke. Dort konnte ich dann als Gastwirt für Wasser und Saft sehr viele Gespräche führen, die ich, so gut es ging, im religiösen Bereich hielt. Das war aus privaten Gründen dann nach ein paar Jahren vorbei, aber die alten Jugendfreunde haben heute noch Kontakt, und wenn ich sie sehe, dann gibt es auch eine Menge zu berichten.

In dem Sinne – heute hat die Kirche auch noch eine Fotogruppe und viele Einrichtungen der Hilfsbereitschaft in der Gemeinde. Das wird selbstverständlich überall für gut und hilfreich erachtet, hat aber den zentralen Punkten des Glaubens nicht geholfen.

Neue Fassung des Neuen Testaments

Aus der Sammlung der Worte „Was Jesus wirklich gesagt hat" lässt sich mit etwas Geduld erkennen, wie es in der Praxis des Neuen Testaments aussehen wird. Die von Pfarrer Schwarz erarbeiteten und von Franz Alt veröffentlichten und kommentierten Worte Gottes sind das unzweifelhafte Konzentrat für das neue Christentum.

Wir sollten diese wahren Worte immer wieder lesen, um zu wissen, wonach wir bewertet werden, wenn wir nach dem Tod an den Toren des Himmels stehen. Das ist leichter gesagt als getan, aber für das *Tun* haben wir ja die Kommunikation mit unserem Gott-Geist.

Die hundert neu übersetzten Worte von Jesus sind sozusagen das Stützgerüst für unsere täglichen Handlungen. Dem Zweck dient natürlich auch die direkte Kommunikation im Geiste. Das große Geschenk Gottes an seine Kinder geschieht in aller Stille. Wie schon des Öfteren beschrieben, bekommen wir direkt die Vorstellungen und richtungsweisenden Hilfen in unsere Gedanken eingefügt.

Das ist ja erst jetzt, nachdem wir die neuen Erkenntnisse zum Geist als das tragende und entscheidende Element wahrgenommen haben, möglich. Wie beschrieben hat sich „unser Glaubensbekenntnis" durch die Konzentration auf die authentischen Reden Jesu und die zentrale Bedeutung der Geistesform so stark gewandelt, dass wir einen Gott erleben, wie ihn sich zuvor niemand vorstellen konnte.

Nachdem sich jetzt entsprechend den wahren Worten Jesu eine andere Grundlage zwischen Menschen und Gott ergeben hat, stellt sich aber auch die Frage: Was mag denn unser Gott-Geist z. B. mit den Gläubigen vorhaben, die in den christlichen Kirchen ihre geistige Heimat hatten und in dem Glauben gestorben sind, dass sie am Jüngsten Tag wieder auferstehen werden?

Hier ist zu beachten, dass die der Übertragung der neuen Botschaft Jesu durch die Jünger und die Evangelisten wahrscheinlich in guter Absicht in der beschriebenen Weise erfolgte, sie ist aber offensichtlich durch falsche Interpretationen der von Jesus

verwendeten Sprache „Aramäisch" und die vielfachen Überset-
zungen ins Griechische nicht heil angekommen.

Unser Neues Testament ist immerhin erst 600 Jahre später im Ka-
tharinen-Kloster auf Sinai zusammengestellt worden. Auch die
Briefe, z. B. von Paulus an die Thessalonicher, verbinden den
Glauben an Jesus mit der Verkündigung einer Wiederauferste-
hung des biologischen Menschen. An dieser Stelle hat uns die
Neuübersetzung der direkt von Jesus gesprochenen Worte die
„Wahrheit" gebracht. Die Verkündigung der Wahrheit ist in den
christlichen Gemeinden etwas unter die Räder gekommen. Die
Grundsätze für das richtige Verhalten auf der Erde sind aber trotzdem nicht verloren gegangen, und eine Aufnahme in den Himmel,
die Jesus mit der Erfüllung der Worte seines *Abba* verknüpfte, war
in jener Zeit ebenfalls möglich. Wer in den vergangenen 2000 Jahren die Regeln der Mitmenschlichkeit und der Barmherzigkeit usw.
befolgte, sollte auch einen Platz bei den Engeln finden.

Uns scheint mit der Kenntnis der authentischen Worte auch so
manche detaillierte Beschreibung, die Jesus formulierte, hilfrei-
cher zu sein. Das gilt besonders für unser Wissen über die physikalischen Begebenheiten im Bereich der Quantenphysik.

Erst wer in der Lage ist, seine Person nicht mehr als Haut und Knochen, also physisch wahrzunehmen, sondern als eine geistige
Form mit einer transportablen biologischen Hülle, der wird heute
überhaupt in der Lage sein, die vor 2000 Jahren überbrachte Botschaft unseres Geist-Gottes durch Jesus zu verstehen und anzu-
wenden. Da unser Sein also wesentlich eine geistige Form hat,
wäre es auch kein Problem, wenn eine biologische Hülle von

Jesus am Kreuz gestorben wäre. Für ihn war ein anderer Weg vorgesehen, er hat danach noch Abschied genommen von seinen Schülern und sich vor ihnen in den Himmel aufheben lassen. Eine Auferstehung erübrigt sich hier. Wie er ja auch nach der Geburt des Kindes von Josef und Maria als Geist seine irdische Unterkunft dort gefunden hat, so ist er mit seinem physischen Tod als Geist in den Himmel zurückgekehrt.

Auch die Menschen, die ohne die Kenntnis der wahren Worte Jesu in der christlichen Gemeinschaft lebten und starben, haben ja die grundsätzlichen Regeln, so die Liebe Gottes und das gute Miteinander der Menschen, aufgenommen. Aus der Fülle der wahren Worte Jesu lässt sich heute eine praktische Anwendung für uns ableiten – wir wissen konkret „Gut" und „Böse" zu unterscheiden. Diese praktischen Vorgaben dienen nicht nur der Prüfung an den Himmelstoren, wenn dort der Geist der Menschen vorbeikommt, nachdem er die biologische Hülle hinter sich gelassen hat, sondern eröffnen auch eine Vorstellung, was denn überhaupt im Himmel passieren soll.

Jesus nennt die Geistesform, die in den Himmel kommt, „Engel". Er benutzt die Bezeichnung „Engel" auch für ganz praktische Situationen, z. B. so: „Die Engel werden euch dann einen Platz im Himmel zuweisen". Diese sind Menschen, die zu Engeln geworden sind, nachdem sie verstarben (Psalm 103:20, 21; Jesaja 6:1-7; Daniel 7:9, 10).

Ich gerate, nachdem ich mich in die Vorstellung des Geistes oder des Geistigen hineingearbeitet habe, auch selbst in eine Schwärmerei über das himmlische Dasein, die bei mir bisher alle bisherigen Ansichten übersteigt. In einer stillen Stunde hatte ich sogar die Idee, im Himmel weiter als Planer für die Bundesbahn zu agieren. Das ist aber schon gleich wieder ein dummer Ausrutscher. Die Wirklichkeit im geistigen Himmel, die Praxis dort auch nur ansatzweise zu verstehen, ist für unseren biologischen Verstand wegen der dortigen reinen geistigen Realität nicht möglich. Den Menschen, die ohne Kenntnis des neuen Regelwerks, das von Günther Schwarz übersetzt wurde, Wesentliches nicht wussten, waren dennoch die wichtigsten Anliegen unserer Evangelisten und Propheten auch schon durch das Neue Testament bekannt.

Ich bin überzeugt, dass der Gott-Geist auch eine Lösung für die Menschen bereithält, die vor dem Erscheinen Jesu auf der Erde und vor Bekanntwerden seiner „Wahrheit" gelebt haben.

Kirchen reformieren

Die Vorstellung von unserem Gott war bisher für jeden Gläubigen eine andere. Zu Gott gibt es keine authentische Beschreibung. Das hat sich aber schlagartig geändert mit dem Satz Jesu: „Gott ist Geist". Dieser Satz stellt für uns zunächst ein Problem dar. Mit „Geist" kann so ohne Weiteres niemand umgehen. Jetzt, 2000 Jahre später, gehört dieses Wissen allerdings für viele Forscher zum Stand der Wissenschaft. Hinter den kleinsten Teilen der Materie, der Energie, also hinter den Quanten, ist keine physikalische Wirkkraft mehr auszumachen. Deshalb ist der Anfang allen *Seins* und auch von Materie als Geist zu verstehen. Wenn ich die Tischplatte vor mir anfasse, dann kann ich mir ihren geistigen Ursprung nicht wirklich vorstellen. Man kommt diesem Problem möglicherweise etwas näher, wenn man sich eine andere Größe, die Physiker erforscht haben, vor Augen hält. Die Atome, aus denen sich die Tischplatte zusammensetzt, sind so klein, dass sie, übertragen auf den Erdmaßstab, einen Abstand zueinander haben wie die Erde zur Sonne, und das sind 150.000 km. Damit würde diese Tischplatte praktisch wesentlich aus Zwischenräumen bestehen. Hier ergibt sich aber auch eine Brücke zum Verständnis unseres Gottes, die wir bis dahin nicht hatten. Eine gute Brücke zu dem, was wir früher „Gott" genannt haben, ist natürlich als Geist vielfältig und gut erkennbar. Der Geist ist also nicht vergänglich wie unser Körper. Der Geist ist vielmehr die Grundsubstanz, nicht nur unserer Gedanken, sondern auch des gesamten Universums.

Sehr gut geholfen hat mir der Hinweis „Gott ist Geist" auch dabei, eine Kommunikation mit ihm zu erleben. Einen Brief kann ich meinem lieben Gott ja nicht schreiben, er hat ja sozusagen keine „Adresse". Aber der geistige Austausch war mir besonders in den vergangenen Jahren eine markante Hilfe.

Die Möglichkeit, zwischen dem einzelnen Menschen und dem Universalgeist einen ständigen Austausch zu erreichen, beflügelt mich jeden Tag aufs Neue. Wenn ich bedenke, wie Jesus uns eine gute „heile Welt" beschrieben hat, so könnten wir auch bereits den Himmel auf Erden haben. Da steht uns allerdings unser biologischer Körper im Wege. Diese Mischung des Gott-Geistes in uns mit dem Körper, der mit der Erde verbunden ist, ist in unserem Verstand nicht so einfach unterzubringen.

Also müssen wir dadurch. Unsere Lebenszeit ist begrenzt, wie auch die anschließende Auswahl für den Zugang zum Himmel nur auf ganz wenige Fälle beschränkt ist. Unser Leben ist halt ein Testlauf.

Hier kann ich auf der einen Seite natürlich die Menschen verstehen, die alles Gute und Schöne haben wollen, was dieser Planet hergibt, womit sie aber auf ein Lächeln im Himmel verzichten.

Man stelle sich aber mal vor, wie wunderbar auch das irdische Leben aussehen könnte, ohne Neid in aller Sorglosigkeit mit Nachbarn und all den anderen Menschen zusammen zu sein, und dann auch noch die Aussicht zu haben, nach unserer biologischen Zeit in den geistigen Himmel überzugehen. Die Möglichkeit, die Gebote Gottes und die Botschaft von Jesus auf der Erde direkt zu realisieren, ist wohl niemandem in den Sinn gekommen. Die Kirchen haben als Gegeninstitution auch ihren Beitrag dazu geleistet, da sie uns auf das Jüngste Gericht vertröstet haben. Am Ende war für das Menschengeschlecht ein gutes und erfolgreiches Leben bis zum Tode das vordringliche Ziel. Das hatte natürlich zur Folge, dass nur ganz wenige Menschen, die ein Leben im Geiste von Jesus befolgten, in den Himmel aufgenommen werden konnten.

Die Kirchen sollten aber wenigstens erkennen, dass die existenzielle Fehlleistung ihre eigene Existenz gefährdet. Die einzige Chance ist die Schaffung einer Organisation, die die „Wahrheit" Jesu verkündet und nach und nach die Menschen zusammenbringt, die sich im Sinne von Jesus zu einem besseren Leben hinführen lassen wollen. Das müsste aber unverzüglich geschehen, denn die jetzt noch als Pastorinnen und Pastoren ausgebildeten Menschen sind bald arbeitslos.

Spiritualität als Grundbedürfnis

Die Religionen unserer Welt haben damit begonnen, das Ungemach der Natur als das Wirken Gottes zu betrachten. Die Germanen errichteten schon Opfersteine an markanten Landschaftsstellen, wo sie Nutztiere zur Besänftigung ihrer Gottheiten opferten. Der Buddhismus und Hinduismus haben entlang des Ganges ein wahres Feuerwerk für den Dienst an ihren Gottheiten entzündet. Es wurden Tempel errichtet, die mit ihrem überirdischen Bild auf die Herrlichkeit ihres Gottes hinweisen sollten. Die Farbenpracht und die Vergeudung von kostbaren Materialien sollten den Weg in eine himmlische Welt weisen. Selbst das Baden in dem Fluss Ganges konnte mit der dort spürbaren „Leichtigkeit des Seins" aus dem irdischen Dasein herausführen und als Freude über die Nähe zu ihren Gottheiten empfunden werden. Mit diesen Ritualen haben die Menschen versucht, sich auf die Herrlichkeit nach dem Tod einzustimmen. Wenn man sich diese „Gottesdienste" anschaut, wird man tatsächlich von innen heraus sehr stark berührt – von einer himmlischen Freude, der Farbenpracht, der Musik und all den Schönheiten dieser Erde. Das lässt die Hoffnung aufkommen, dass unser Gott ein gemeinsamer Gott über alle Kontinente ist.

In abgeschwächter Form kommt diese Gefühlswelt ja auch bei den Freudenfesten der Christen zutage. Wir verwenden jedoch meist eine kommerzielle Dekoration als Hilfsmittel, z. B. den

Weihnachtsbaum oder die Weihnachtsmärkte. Solche Erlebnisse, die wir als sinnlich wahrnehmen, weil sie uns herausheben aus dem Alltag, dienen aber auch dem Ziel, uns anzurühren und uns vor Augen zu führen, dass unser Weg nicht in der Erdenschwere bleiben muss. Die schreckliche Vorstellung, dass das Leben auch mit dem Tod endet, konnte für viele Christen dadurch abgeschwächt werden, dass Maria Magdalena am Ostermorgen die Botschaft verkündete: „Er ist auferstanden. Er ist wirklich auferstanden." Das freudig zu glauben, hat die Christenmenschen betäubt. Dazu hatte Paulus auch an seine Gemeinde geschrieben: „Wer an Gott glaubt, wird am Jüngsten Tag von den Toten auferweckt und das ewige Leben im Himmel erreichen." (1. Brief an die Korinther, Kapitel 15, 1–58)

Jesus hat das Wissen um die Verhältnisse zwischen den Kräften der Natur anders definiert. Die Botschaft von Jesus gemäß der mühevoll übersetzten wörtlichen Rede ist im Prinzip eine andere Religion. Er hat uns ein Paket von Verhaltensmaßnahmen im irdischen Getümmel angeboten, die für seinen *Abba* den Maßstab für die Eignung zum Eingang in die Herrlichkeit ausmachen. Das ist eine Regelung, die schon eher wie ein Gesetzbuch aussieht, denn nicht der wird eingelassen, der den Namen *Abba* sagt, sondern derjenige, der den Willen Gottes tut. Aus den Worten von Jesus geht also eine ganz andere Wahrheit hervor. Vor dem Erscheinen Jesu konnten die Menschen schnell ihren Gott heranziehen, wenn etwas Unverständliches zu beobachten war, und ihm auch schlechte Wettererscheinungen oder den frühen Tod eines Angehörigen zurechnen, ohne dies weiter erklären zu müssen. Das ist nach dem Erscheinen Jesu anders geworden. Er hatte aus seiner Zeit neben seinem *Abba* aus dessen Perspektive mitgebracht, wie von Gott her die Welt in allen Einzelheiten geführt worden ist und geführt wird. Neben Gott zu sitzen und zu beobachten, wie das gesamte Sein gesteuert wird, ist für uns auch heute nicht vorstellbar. Unsere Grenze liegt in dem, was mit unseren Computern darzustellen oder zu berechnen möglich ist, da der Mensch meist nur an das glaubt, was er sich vorstellen kann, und noch sind Computer unsere Grenze. Diese Grenze wird aber durch den Faktor „Geist" überschritten. Mit dem Geist sind alle materiellen Beschränkungen ausgeräumt. Das Problem für Jesus bestand allerdings darin, dass er seinen Jüngern und den zahlreichen anderen Zuhörern auf der Erde diesen Zusammenhang nicht übermitteln konnte. Die Erkenntnisse der Menschen haben zwar mit der Zeit stetig zugenommen, aber damit sind wir noch lange nicht fähig, alles zu verstehen. Jesus hat Realitäten in den Raum gebracht, die wir erst heute, nach zweitausend Jahren weiterer Erkenntnisse, nach wie vor nur erahnen können, wenngleich etwas besser. Er hat es uns einfach „Gott ist Geist" mitgegeben. Die Vorstellung von „Geist" ist nicht absolut neu. Wie eben beschrieben ist das, was wir als Spiritualität bezeichnen, natürlich schon der Beginn, Gott als Geist zu verstehen. Es ist auch in anderen Religionen die Vorstellung gegenwärtig, dass Gott nicht als materiell denkbar ist. Ich habe mich deshalb bemüht, neue physikalische Erkenntnisse in einen Vergleich mit dem zu bringen, was Jesus z. B. bei der Auferstehung oder hinsichtlich der Herrlichkeit des Himmels angesprochen hat. Die Physiker, genauer die Quantenmechaniker, untersuchen das Verhalten von Materie und Energie auf atomarer bzw. subatomarer Ebene. Hiermit könnte man dann zwar das Wort „Geist" einführen, aber bis das in unserem täglichen Denken verankert ist, bedarf es noch ganz viel Mühe und Bewegung in unserem Verstand. „Alles, was ist, ist von Gott und Gott ist außerdem direkt enthalten in allem, was existiert." (Kolosser 2:9) Als Höchstes sagte Jesus: „Gott ist Geist" (Johannes 4,24 und Zitat 22 aus dem Werk von Franz Alt), und damit ist der Geist der Anfang von allem, was unser Verstand aufzunehmen und zu verarbeiten in der Lage ist. Die Spiritualität wird uns dabei helfen, der geistigen Kraft und der Herrlichkeit des Himmels näherzukommen.

Die Spiritualität hat sich, wie oben beschrieben, natürlich auch bei uns Christen eingenistet. In einem Erlebnis besonderer Art ist mir dann auch aufgegangen, wo Jesus den Schwerpunkt in unserem irdischen Dasein sieht.

Ich war in dem Dom zu Meißen, als ich diesen besichtigte, in ein Wettsingen der jugendlichen Kirchenchöre hineingepoltert. Für die Spiritualität der christlichen Klänge hat der Dom besonders gute Hallräume. Ich war noch nie in meinem Leben so entrückt wie in dem Moment, als diese Lobpreisungen im Dom zu Meißen wirklich aus allen Ecken kamen und das Gemäuer zum Mitschwingen veranlassten.

Ich kannte das „Lobe den Herrn" ja schon aus der Kirche in Oberlübbe und erinnere mich auch noch daran, wie mich das Singen bewegte. Was ich hier aber so überraschend aufnehmen konnte, hat mich tatsächlich ins Überirdische mitgenommen. Auch andere Zuhörer saßen und standen nur dort, und man konnte ihnen förmlich ansehen, dass sie stark berührt waren. Unser Stadtführer hat dann aber darauf gedrungen, für die Mittagsmahlzeit in unsere Pension zu gehen. Dort löste sich dann die Spannung, und bei der Reisegruppe konnte man überall den Nachhall des Erlebnisses wahrnehmen. Das wurde aber unterbrochen, als eine Mitarbeiterin der Pension lautstark hereinkam und fragte, was sie denn nun mit den Frauen machen sollte, die erneut nachfragten, ob wir denn nun die Flüchtlinge aus der Ukraine aufnehmen könnten ... . Da dämmerte es mir, dass von Jesus her nichts zu Lobgesängen überliefert worden ist. Nein, er war fast immer um eine Hinwendung zur Mitmenschlichkeit bemüht, und das war auch das Anliegen seines *Abbas*.

Der Spiritualität in den Menschen ist leider in der Praxis des Gottesdienstes so gehuldigt worden, dass sie die wahren Anliegen Jesu total überdeckte. Wie in dem 4. Gebot „Du sollst den Feiertag heiligen" scheint es untergründig immer eine Absicht zu geben, eine sehnliche sowie sinnliche Bewegung zur Wirkung kommen zu lassen. Um dem entgegenzuwirken, habe ich von dem Hosianna-Singen im Himmel Abstand genommen. Entsprechend sehe ich auch nicht viel Platz für Feste des Glaubens, wie sie uns in unseren Kirchen angeboten werden. Das Feiern von Weihnachten, Ostern und Pfingsten mit Kerzen, Eiersuchen und dem Liedersingen ist nicht der Kern der Wahrheit Jesu. Unser Bedürfnis, am 1. Mai in die neu belebte Natur zu ziehen, um lautstark zu singen „Der Mai ist gekommen", hat eine andere Stelle in unserem Dasein. Trotzdem hat es uns immer Freude gemacht, das Lied bei unserer Wanderung am 1. Mai in den Himmel zu blasen. Nur sind wir dieses Mal bei Jesus und nicht bei unseren vulgären Ausbrüchen.

Die neuen Erkenntnisse und ihre praktische Anwendung

Mit dem Besuch Jesu auf unserem Planeten ist die Christenheit geboren worden. Er hat sich aber auch in der Tradition des Judentums gesehen. Für meine Oma war Gott allmächtig und außerdem ein gütiger Gott, der uns vor allem Ungemach bewahrt. Er war aber vor allen Dingen weit weg. Das änderte sich aber mit Jesus radikal. Er erhielt regelmäßig Botschaften von seinem *Abba* (Gott), die er wörtlich an seine Schüler weitergab. Sie waren dafür bestimmt, der Christenheit die „Wahrheit" Gottes und der Welt zu verbreiten. Diese Wahrheit enthält allerdings auch physikalische Beschreibungen, mit denen die Menschen vor 2000 Jahren nichts anfangen konnten. Die Kernsätze lauten: „Gott ist Geist und Mensch ist Geist." (Hebr 10,22 und Röm 12,1; 2 Kor 3,17)

In der Philosophie, insbesondere in der Philosophie des Geistes, die seit der Antike etwa im 17. Jahrhundert mit Descartes' Dualismus wieder auflebte, setzte sich der Begriff der „geistigen Wirkkraft" durch, was unter dem Begriff „Panpsychismus" zusammengefasst wurde. Er beschreibt einen Zustand, der uns heute noch genauso fremd ist wie damals. Unser Verstand hält das für die Wirklichkeit, was die Hände anfassen können und die Augen als Realität erkennen. Die physikalische Wirklichkeit beginnt dem gegenüber aber genau dort, wo der Ursprung allen DASEINS ist, und das ist die geistige Wirklichkeit.

Jesus sagt ganz lapidar: „Gott ist Geist und Mensch ist Geist."

Das Wort „Geist" hat in unserem täglichen Sprachgebrauch noch keinen konkreten Stellenwert. Wir sagen höchstens mal „Du bist doch von allen guten Geistern verlassen". Wenn man sich das Wort „*Geist*" konkret zu eigen machen will, könnte das Wort „Kreativität" weiterhelfen. Darunter verstehen wir die Gedanken, die zu einem neuen *Tun* führen, zum Grundriss eines neuen Hauses oder, wie hier, zur Darstellung der neuen christlichen Religion. Dafür steht uns jetzt aber das Wort „Geist" zur Verfügung.

Das Wort beschreibt einen Vorgang im Menschen, der aus geistiger Inspiration zunächst eine virtuelle Vorstellung produziert, dann Pläne zuwege bringt, die zur Kommunikation mit anderen geeignet sind, um zum Schluss etwas Neues zu produzieren.

Der Geist, den Jesus beschreibt, ist für mich zunächst ein Universalgeist. Die Wirklichkeit dieses Geistes entspricht der Wirklichkeit Gottes, dieser Geist ist sozusagen die Brücke, der Zugang zur „Wahrheit", die uns Jesus hinterlassen hat.

Was vor hundert Jahren möglicherweise nicht so unmittelbar verständlich war, nämlich dass der Mensch als Geist in der Gesamtheit der Geistigkeit eingebettet ist, ist allgemein anerkannt. „Gott ist Geist" und „Mensch ist Geist" sind noch nicht Allgemeingut geworden. Auch Jesus beklagt sich gegenüber seinen Schülern: „Prüft euch, ob ihr im Glauben seid, untersucht euch! Oder erkennt ihr euch selbst nicht, dass Jesus Christus in euch ist? Es sei denn, dass ihr etwa unbewährt seid." (Joh 17,26; 1 Kor 11,28; Gal 6,4; Hebr 3,12) Wie kommt man da weiter?

Die meisten Menschen auf der Erde haben schon einen sicheren Platz für ihren Gott, der liegt in der Regel weit weg hinter den Wolken, und alle versuchen, sich ein Bild von seiner Herrlichkeit zu machen (Spiritualität). Für die Christen von heute gibt es jedoch einen anderen Himmel und eine andere Welt. Die wörtlichen Reden von Jesus an seine Schüler konnten durch die mühevolle Arbeit von Günther Schwarz für uns wieder zugänglich gemacht werden. Die Publikation enthält unter anderem die wichtigsten Sätze und Erklärungen. Im Ergebnis ist damit das paulinische Bild mit dem Schwerpunkt des *Glaubens an Gott* überholt und durch differenzierte Anweisungen aus dem Regelwerk, wie Jesus es neu formuliert hat, ersetzt worden.

Jesus beginnt die Kernsätze für seine Schüler mit dem Wort „Amen", das bedeutet aus seinem Munde, dass es die Sätze sind, die er direkt von Gott erhielt und die er wörtlich an die Menschen weitergab. Es geht nicht um Glauben oder Nicht-Glauben, sondern um die spezifische Verhaltensweise, die unser Gott von uns erwartet. Das sind z. B. auch Sätze aus der Bergpredigt wie „Liebet eure Feinde". *Jesus Christus ruft in seiner Bergpredigt dazu auf: „Liebt Eure Feinde und bittet für die, die euch verfolgen, auf dass ihr Kinder seid eures Vaters im Himmel."* Nachzulesen im Matthäusevangelium, Kapitel 5, Verse 44–45. Solche Vorstellungen sind für uns nach wie vor nicht unmittelbar zugänglich. Jesus hält dafür die ganz praktischen Beschreibungen über den Tod, den Himmel und die Engel bereit, die uns den Ablauf in unserem Dasein ganz konkret erzählen.

Die für mich so überraschende Feststellung war, dass wir Menschen in unserem biologischen Körper nicht nur ein Gehirn besitzen, mit dem wir uns auch Gedanken machen können, sondern dass uns darüber hinaus auch befähigt, mit der Institution eines Geistes einen eigenständigen Kontakt mit dem Weltgeist zu bekommen. Das ist die geistige Ausformung einer zweiten Identität, die Jesus unser „SEIN" nennt. Darin liegt insgesamt die Erkenntnis, dass wir als biologische Menschen nicht allein sind, sondern sich in dem geistigen Teil der wirkliche Mensch befindet. Dies ist die dominierende Ausformung, „das Sein", es hospitiert sozusagen in unserer Lebenszeit in unserer biologischen Hülle.

Glauben und Vertrauen

Diesen Weg werden wir aber nicht allein beschreiten können, sondern nur mit einem ständigen Kontakt zum Gott-Geist. Das, was uns in unseren Kirchen bislang angeboten wurde – „allein der Glaube" –, reicht nicht aus. Glauben ist nur eine gedankliche Vorstufe vor einer Gewissheit. Auch hier ist wieder das Machen angesagt. Wenn wir etwas beginnen wollen, ist es ratsam, zunächst unseren Gott-Geist zu konsultieren. Der wird uns dann, wie ich bereits hunderte Male im Kleinen und im Großen erfahren habe, einen Weg weisen. Glauben ist ein leeres Gerede – Vertrauen auf *Abba* entsteht in der Zusammenarbeit.

Gottes Hilfen schaffen Vertrauen. Und dann ist es eine Selbstverständlichkeit, die Regeln *Abbas* zu beachten. Wenn das zur Gewohnheit wird, dann entsteht ein Wohlgefühl, mit dem das Leben so leicht wird, wie wir es uns als Himmel schon immer vorstellten.

Erst mit Gott reden und mit seiner Hilfe Gutes tun. Das weckt das Vertrauen und bringt uns auf den rechten Weg.

Es wäre natürlich für unseren Verstand einfacher, wenn wir uns ein Bild machen könnten, wie denn dieser Gott aussieht. Damit hätten wir einen Gesprächspartner, wie wir es von Menschen gewohnt sind. Die Dimension „Gott-Geist" ist aber zunächst für unseren Verstand eine Nummer zu groß. Unsere Sinne sind verbunden mit unserem Gehirn; das ermöglicht uns, wie die Tiere zu leben. Damit sind wir sozusagen ständig beschäftigt, aber das betrifft auch nur die Hülle unseres *Seins*. Das, worauf es ankommt, ist aus demselben Stoff „gemacht", aus dem auch unser Gott „besteht". „Gott ist Geist" und „Mensch ist Geist", so formuliert es Jesus wie selbstverständlich. Wir können das nicht mit den Sinnen erfassen, sondern müssen in unseren Gedanken Platz schaffen, um unserem Gott zuzuhören. Wir müssen uns sogar vorab bei ihm melden und unser Anliegen vortragen. Dann können wir aber getrost die Telefonzelle wieder verlassen. Unser Geist und der Gott-Geist werden dann zusammen einen Weg bahnen, der auch unsere biologische Hülle einbezieht. Wir müssen uns an dieser Stelle wieder erinnern, dass unser menschliches Dasein, unser biologisches Gewächs, nicht allein ist, sondern auch unser bestimmendes *Sein* in uns wohnt.

Wir Menschen müssen jedes Mal mit der neuen Erkenntnis beginnen, dass wir vordergründig mit unseren Sinnen arbeiten. Das füllt schon unseren ganzen Tagesablauf aus. Da geht es um Sehen und Hören, Schlafen und Wachen, Essen und Trinken, Gehen und

Stehen. Daneben gibt es aber grundsätzliche Themen, die unser Dasein entscheidend prägen.

Die Ziele unseres Daseins, die nicht nur unsere biologischen Funktionen betreffen, sondern vor allem unser „Selbst" lenken müssen, erfahren wir von dem Universalgeist, den wir immer Gott genannt haben. Hier befindet sich dann nicht mehr unser selbstsüchtiges „*Ich*", sondern unsere Einbettung in die Pläne unseres Gottes im Vordergrund. Jesus benutzt hier das Wort *Sein* und meint damit den Geist, der auch unserem Gott wesentlich ist. Der Trost liegt aber darin, dass wir das, was wir immer so stolz „*Ich*" nennen, nur ein Anhängsel ist, während unser dauerhaftes *Sein* eben die geistige Form ist. Das Wunder des Zusammenwirkens von Gott und Mensch liegt in dem, was Jesus sagt: „Gott ist Geist" und „Mensch ist Geist". Es ist dasselbe Medium und beide sind somit für eine ständige und dauerhafte Kommunikation bestimmt.

Unser Verstand ist in diesem Punkt durchaus lernfähig, auch wenn er biologisch gebunden ist. Jesus sagt ganz klar: „Nicht wer den Namen ,*Abba*' sagt, sondern wer seinen Willen tut." (Matthäus 7, 21) Wir haben also nicht nur einen großartigen Ratgeber, sondern auch die klare Aufforderung, dafür zu sorgen, dass Gottes Ziele durch uns auf dem Planeten Wirkung zeigen. Ich habe auch schon oft erlebt, wie Gott uns dabei hilft, ohne dass wir es merken. Meine Umgebung redet dann schmunzelnd von Zufällen – diese Dummköpfe!

Unsere Gedanken sind die Brücke zwischen unserem eigenen Geist und unserem biologischen Verstand. Die Kommunikation mit dem handelnden Verstand erfolgt über weite Strecken hinweg auch über das, was wir unsere Gedanken nennen. Die Gedanken sind der Ort, an dem sich Geist und Verstand bei der Arbeit verständigen.

Der Begriff „Schlusswort" ist an dieser Stelle nicht die richtige Bezeichnung. Das Spiel fängt hier erst richtig an. An dieser Stelle hätte ich mir eine neue Struktur, eine neue Ordnung und einen neuen Inhalt für unsere Kirchen einfallen lassen sollen.

Das ist aber meinem einsamen Maurerverstand nicht möglich. Ich bin außerdem auch erschrocken, wenn ich daran denke, dass mein Tagesablauf nicht mehr in der lockeren Art von heute beginnt „Was gibt's denn da heute?", sondern gleich mit dem Gedanken anfängt „Wie werde ich jetzt mit der Fleißarbeit beginnen, um den Willen *Abbas* zu tun?"

Mit einem solchen Wechsel von der allgegenwärtigen Gewohnheit, an die Arbeit zu gehen, wie uns unser Verstand sie eingibt, hin zur Maxime, gleich alles unter das Regelwerk unseres Gottes zu stellen, damit werde ich in meiner Umgebung kaum jemanden überzeugen können.

Die Gewohnheit eines alltäglichen Ablaufs ist so tief verankert, dass es schwerfällt, jeden Morgen zuerst mal mit einem gründlichen Nachdenken zu beginnen. Das öffnet aber die Chance, dass unser Geist mit dem Tode unseres biologischen Körpers nicht zusammen in dem *Nichts* verschwindet. Die Aussicht ist so grandios, dass ich annehme, dass mir das sehr schnell immer mehr Freude bereiten und immer selbstverständlicher wird. Es ist doch dumm, zu glauben, dass nach unserem Tod schon alles getan ist.

Die Alternative wäre, dass unser Geist mit dem Körper begraben wird und damit die Möglichkeit verpasst ist, dass das *Ich*, der Geist als Engel, in die Ewigkeit hinüberwechseln kann.

Tod und Wiedergeburt

Die neue Vorstellung, was nach unserem Tod geschieht und wie wir uns darauf vorbereiten können, ist von Jesus sehr intensiv behandelt worden. Schon von der Kindheit her ist mir in Erinnerung geblieben, dass es sehr unterschiedliche Vorstellungen über die Zeit nach unserem Tode gibt. Meine Mutter war es wichtig, dass wir sie so bestatten, dass sie beim Jüngsten Gericht sofort erkennen kann, dass Jesus sie im hell erleuchteten Bild im Osten zur Auferstehung ruft.

Ganz im Gegensatz dazu war meine Oma davon überzeugt, dass ihre Seele nach ihrem Tod sofort bei Jesus im Himmel sein würde. Sie sagte sogar ganz brutal: „Ihr braucht mich, wenn ich gestorben bin, gar nicht großartig beerdigen, ihr könnt mich getrost unterpflügen. In den Acker, da gehört mein Körper hin." Die Seele geht sowieso ihren eigenen Weg. Wenn man denn kapiert hat, dass das Wichtigste für unser irdisches Dasein nicht unsere Körper ist, sondern das, was wir als Geist erfahren, dann fehlt nur noch die Übung, erstens den Geist in den Mittelpunkt des Daseins zu stellen, obwohl wir ihn nicht sehen oder anfassen können, und zweitens, all die groben Fehler zu erkennen, die wir als biologische Existenz in unserer Natur haben. Dann sehen wir, wie schädlich viele Sachen sind, die wir mit uns herumschleppen.

Die Regeln für ein gutes Leben auf der Erde stammen von Gott. Sie wurden Jesus übermittelt und er hat sie seinen Jüngern wieder und wieder eingehämmert. Um sie gründlich ins Gedächtnis zu bringen, hat Jesus sie in Versform mit Reimen und Rhythmus begleitet und sie bei jeder Gelegenheit wiederholt. Uns stehen diese Regeln jetzt, wie mehrfach dargestellt, schriftlich zur Verfügung. Dafür war scheinbar Glaube erforderlich, aber man muss sich ja nicht sogleich binden und entscheiden. Die Gottesherrschaft hat schon begonnen. Der Himmel ist offen. Die Engel sind bereit, euch den Platz zuzuweisen. Das kann allerdings nur dann passieren, wenn man selbst bereit dazu ist und dies aus dem eigenen Willen entstanden ist. Der Gott ist immer mit und bei dir, aber du musst dein Herz für ihn öffnen, sonst kann dir nicht so geholfen werden, wie du es möchtest. (Zitatnummer 36 in dem Buch „Die 100 wichtigsten Worte – Was Jesus wirklich gesagt hat" von Franz Alt) „Die Tauglichen geworden sind für jene Welt – Sie können nicht mehr sterben, weil sie wieder wie die Engel sind." (Lukas 20, 35.36, RÜ)

Jedoch heißt es bei Jesus auch: „Der Weg dorthin ist schmal und nur wenige Menschen gehen darauf." (Zitatnummer 28 in dem Buch „Die 100 wichtigsten Worte – Was Jesus wirklich gesagt hat" von Franz Alt). Die Prüfung an den Toren des Himmels ist streng. Nur wenige können dort eingelassen werden (Zitatnummer 31).

Wenn wir uns dem zuwenden, kann der Gott-Geist unseren Geist gegen alle Widrigkeiten des biologischen Lebens auf dem schmalen Pfad in den Himmel führen. Jesus sagt dazu: Wenn ihr nur euer Sein erkennen würdet, würdet ihr auch alle Botschaft verstehen, die ich von meinem *Abba* erhalten und an euch übergeben habe (Zitatnummer 65).

So halten wir denn dafür, dass der Mensch gerecht werde nicht durch den Glauben allein, sondern durch ein Leben, wie es uns durch Jesu Regeln vorgegeben ist – und nicht, wie Paulus geschrieben hatte, durch den Glauben. Die Grundlage eines Lebens mit der Einwirkung des göttlichen Geistes ist die Verinnerlichung von „Was Jesus wirklich gesagt hat".

Aber wir wären ja keine Menschen, wenn wir mit unserem Verstand solche himmlischen Ansprüche sofort übernehmen könnten. Die meisten Menschen landen in der Dunkelheit (auch ihre geistige Existenz wird gelöscht). Einige bekommen aber auch eine neue Chance mit einer Wiedergeburt.

Der Konflikt liegt bei uns Menschen darin, dass unser Verstand, der uns mitten durch das Leben führt, so vordergründig ist und der Lärm des Tages uns so schnell einschlafen lässt, dass wir gar nicht dazu kommen, uns auf unser Sein zu besinnen. Wir brauchen für das tolle Leben nicht die Hilfe des Geistes. Unser Gott-Geist hat uns zwar einen Strang seines Geistes mitgegeben, aber bei geöffneten Augen und Ohren ist sofort unser Bewusstsein dabei. Anders könnten wir gar nicht biologisch existieren, dieses subjektive Bewusstsein hat aber von unserem Schöpfer die Freiheit geschenkt bekommen. Die Freiheit prägt uns so sehr, dass wir ständig nach ihr schreien.

Ich habe oft meine Mutter gefragt, warum die Männer sich bloß so heftig anschreien würden, obwohl sie ja alle *miteinander* Skat gespielt hätten und sich nicht böse seien. Sie antwortete: „Das kannst du noch nicht verstehen, des Menschen Wille ist schon sein Himmelreich." Ehrlich gesagt habe ich diesen Satz nie verstanden, bis ich den Worten Jesu angelangt bin. Des Menschen Wille ist nur möglich mit der Freiheit, die ihm gegeben ist. Es ist die Freiheit, die Tiere und Pflanzen in dieser Form eben nicht haben. Die Freiheit fordert ständig ihre Bestätigung und ihre Ausformung. Freiheit im Handeln stößt in unserem biologischen Sein an enge Grenzen. Da sind immer auch die anderen und vor allem nicht überwindbare Naturgesetze. In Worten lässt sich zwar ganz leicht und bequem herausposaunen, was eigentlich „richtig und gut" und was man selbst zu machen oder zu ändern gewillt ist. Dies umzusetzen, ist aber schwierig.

In den Diskussionen kommt es dann gar nicht mehr auf die Ausführungen der anderen an oder darauf, sich auf diese einzulassen. Wichtig ist nur, dass man selbst ein „starkes Ding" herausposaunt hat.

So erlebe ich es heute auch und empfinde es so, dass das ein Teil unserer Freiheit ist. Die Gesellschaft formuliert das ganz schüchtern als Meinungsfreiheit, aber es sind im Hintergrund die Genugtuung, dass wir frei sind, und der Eifer, die Freiheit auch zu leben. Allerdings fängt an dieser Stelle auch genau das an, was ich als Größenwahn bezeichne.

Durch den unwiderstehlichen Eifer, es allen Mitmenschen zu zeigen, gerät all das in den Hintergrund, was für uns viel wichtiger ist, nämlich die Ratschläge, die uns durch Jesus übermittelt wurden, um auf den schmalen Pfad zu kommen, der dann tatsächlich in den Himmel führt. Ich kann es noch einmal allgemein in

Erinnerung rufen: Es sind eben die Mitmenschlichkeit und die Barmherzigkeit, aber es sind auch solche Regeln, die im krassen Widerspruch zu unserem Größenwahn stehen, nämlich, dass das Geben seliger ist als das Nehmen und dass das Geld uns nicht verführen sollte ... In dem Buch „Die 100 wichtigsten Worte – Was Jesus wirklich gesagt hat", geschrieben von Franz Alt, ist dann eben genau das in konzentrierter Form nachzulesen.

Für mich liegt somit das Heil nicht mehr in den großen Dingen, mit denen uns unser Verstand überschüttet, sondern dort, wo es in unserer Nähe gilt, auszuhelfen, uns um die Mitmenschen zu kümmern und vor allen Dingen dort bereitzustehen, wo andere Menschen in Not geraten sind. Die beste Medizin für die „Gehirnwäsche" ist und bleibt die Literatur von Franz Alt mit den hundert wichtigsten Worten Jesu. Jesus ist auf die Erde gekommen, um eine Fackel anzuzünden. Hiermit verbreitet er die Wahrheit, indem er mit vielen Beispielen erklärt, welche Verhaltensweisen es sind, die uns auf einem schmalen Pfad in den Himmel führen.

Im Rückblick auf die Entwicklung dessen, was man so Religion nennt, habe ich für mich jetzt erst langsam kapiert, dass die beiden Begriffe „Glauben" und „Barmherzigkeit" für mich immer im gleichen Zusammenhang standen. Nachdem mir die Worte Jesu heute in ihrer authentischen Form zugänglich sind, kehren sie die Anforderung total um. Der Glaube allein war leider eine faule Ausrede. So bequem ist der Weg nicht, um in die Gemeinschaft der Geisteswelt zu kommen. Was Jesus zur Mitmenschlichkeit formuliert und was er beispielsweise in der Bergpredigt gepriesen hat, ist uns, ehrlich gesagt, zunächst fremd. Wir sollten uns keiner

Illusion hingeben, denn der Pfad, der in den Himmel führt, ist eine andere Dimension als das, was wir mit unserem Verstand ständig verarbeiten müssen.

Wir sind uns selber schon genug. Da ist dann das Kümmern um die Sorgen und Nöte der Menschen um uns herum zu viel. Hilfreich war für mich und wird es wohl auch immer wieder sein, die wichtigsten hundert Worte zu lesen (auch Sätze und Geschichten), die Jesus seinen Jüngern eingeprägt hat (siehe Franz Alt „Was Jesus wirklich gesagt hat"). Hierbei wächst man allmählich hinein in diese andere Welt. Dabei beginnt das Herz nach und nach zu frohlocken. Wenn man sich vorstellt, dass es einen Ort gibt, wo das alles Realität ist, kommt sogar allmählich der Wunsch auf, dazuzugehören. Das ist aber eine Umwandlung und eine Verschiebung in unserem Bewusstsein, die langsam vonstattengeht und die dann allmählich ihren Platz einnimmt, wobei sie den Wunsch nach einem neuen, beeindruckenderen Auto und andere Positionen unseres Größenwahns verdrängt.

Mir passiert es sogar manchmal, dass ich mir schon wünsche, gestorben zu sein, um dann in dieser Geisteswelt des Himmels zu Hause zu sein. Wenn ich mich dabei umschaue oder gar darüber rede, ist mir sofort bewusst, dass dieser Weg dann aber doch ein sehr schmaler sein wird. Bitte stellt euch mal vor, in dieser Welt zu leben, die Jesus uns offenbart hat – das muss sich doch lohnen.

Ein Leben im Sinne von Jesus zu führen, ist ja außerdem auch eine Verpflichtung. Die Möglichkeit, die Jesus uns geboten hat und die von unserem Gott auch vorgesehen ist, ist die Auferstehung im christlichen Glauben. In der indischen Philosophie gibt es das Konzept der Wiedergeburt. Die Auferstehung soll uns helfen, etwas in einem zweiten Dasein des Seins wiedergutzumachen. Meine Oma war überzeugt, dass ich die Auferstehung ihres Schwiegervaters, also meines Urgroßvaters wäre. Wegen der Auferstehung muss ich mich zunächst einmal wirklich und total von meiner biologischen Existenz befreien, denn auferstehen wird ja nur die geistige Ausformung der Person. So gesehen hätte ich dann einen oder mehrere Menschen vor mir in der geistigen Generation gehabt und jetzt auch die Verantwortung für die Erreichung des Himmels dieser Menschen mitzutragen.

Ich habe das Gefühl, dass ich in meinem langen Leben viele Engel an meiner Seite hatte. Zum Beispiel meinen Onkel, der mir das Mauern beigebracht hat; auch einen anderen Onkel, der gerade Lehrer geworden war und mich in der Schule unterstützte, damit ich an der Staatsbauschule Kassel (heute Teil der Uni Kassel) aufgenommen werde. Meine Studienkollegen, die von meiner ländlichen Herkunft wussten, schickten mich nach Wolfsanger an den Rand der Großstadt, wo ich beim Aussteigen aus der Straßenbahn meine Frau kennenlernte, die mich von da an zunächst in der Fremde begleitete. Selbst in meinem beruflichen Werdegang haben mich meine Engel nicht allein gelassen, und bis heute wachen sie über mich. Daher war es für mich nie schwierig, mich entsprechend den „Jesusregeln" zu verhalten.

Ich habe mich oft gewundert, wie ich so oft „zufällig" zu meinem Glück gekommen bin. Wie mir später klar wurde, ist das nicht mein Ich, wie wir unser Selbstbewusstsein nennen, sondern der

Geist in uns. Jesus hat mich gelehrt, dass die Hilfe der Engel, die wir Menschen erhalten, auch aus dem Kreis der Menschen kommt. Engel sind auch Menschen, die ihre biologische Hülle abgelegt haben und zu Engeln geworden sind. Die Aussicht, dass ich in diesem gut geformten Zustand in den Himmel aufgenommen werden könnte, erfüllt mich mit Glück, denn ich wäre bereit, meiner schönen biologischen Ausformung Lebewohl zu sagen.

Diese Gedanken machen mich zunächst natürlich ganz froh, weil ich dann nicht mehr alles alleine gegen den eigenen Größenwahn leisten muss. Aber die Verantwortung, die mir da plötzlich vor Augen geführt wird, ist schon groß. Ich bin jetzt für meine letzten Lebensjahre wirklich aufgerufen, „Gutes" zu tun. Zumindest bin ich ja dabei, wie Jesus gefordert hat, mich zu ihm zu bekennen. Von unseren Kirchen ist dabei keine Hilfe mehr zu erwarten. Ich würde versuchen, mich mit Gleichgesinnten zusammenzutun, die einander unterstützen.

Wir sind in unser Leben so hineingestolpert und haben uns zunächst mit unseren Eltern und später mit unserer Umgebung verglichen. Natürlich gab es noch Gott und die Kirchen, aber in unserem Kopf sind wir das geworden, was wir auch bei anderen erlebt und für gut gehalten haben. Natürlich ist uns auch bewusst, dass das Miteinander wirklich besser sein könnte. Es ist ja schon so schlimm, dass es fast nur noch Meldungen und Gesprächsstoff aufgrund all der furchtbaren Dinge gibt, die in der Welt passieren. Es wird einem dann ja schnell bewusst, dass das nicht das Ideal auf der Erde sein kann, lediglich den Verlockungen zu erliegen und als Einzelner in diesem Meer von Hässlichkeiten mitzuschwimmen und möglichst weit an die Oberfläche zu kommen. Dabei kommt der Gedanke auf, dass es auf unserer Erde womöglich schon himmlische Zustände gibt.

Man muss nur einmal ein paar Schlagworte in unserem Gehirn abrufen, um zu erkennen, wie notwendig es ist, sich des Geistes zu erinnern, der in der christlichen Botschaft steckt. Das größte Hindernis und die wesentliche Ursache unserer „großartigen" Fehlleistungen ist der Größenwahn.

Der Mensch und die Erde

Größenwahn

In der heutigen Gesellschaft benötigen wir im Alltag weniger Hilfe, wir brauchen uns um unsere Nahrungsmittel nicht mehr selbst groß zu kümmern, nicht mehr säen, pflanzen, wässern und ernten, wie es unsere Vorfahren noch als Lebensmittelpunkt hatten. Daher sollten wir wenigstens versuchen, die großen Auswüchse, die unseren Geist und Verstand beschäftigen, die uns demnach vordergründig beschäftigen, mal ins Bewusstsein zu rufen. Hier drängt sich unsere Beschäftigung mit unserer Einordnung in das Gesellschaftssystem wieder in den Vordergrund.

Die größten Fehlentwicklungen resultieren daraus, dass unser Verstand ein neues Betätigungsfeld entwickelt, wobei wir nicht mehr die Menschen um uns herum im Blick haben, sondern unsere eigene „Leuchtkraft" pflegen. Wenn ich mir die Regeln vor Augen halte (Mitmenschlichkeit), die Jesus seinen Jüngern eingeprägt hat und die uns ja auch in die Gemeinschaft des Geistes führen sollen, ist zu erkennen, dass wir uns gerade auf der falschen Seite befinden. Wenden wir uns von Jesus ab und sehen unseren Tod nur noch als Ansporn dafür, in der verbleibenden Zeit so viel, wie eben möglich, an großen Dingen zu erleben, dann hat unser Leben keinen nachhaltigen Sinn mehr.

Ein typisches Beispiel für die Fehlleistung ist die allgemeine Begeisterung für den Sport. Dann ist weniger der Sport zur Erhaltung der eigenen Gesundheit und Beweglichkeit gemeint als vielmehr das Interesse und die Begeisterung für die Größen des Sports gemeint, in die man sich hineinmogeln möchte, um sich dann als Held zu fühlen. Ich halte den Kult um den Erfolg im professionellen Sport für ein dummes Betäubungsmittel. Er hat alle Eigenschaften, die für die neue Botschaft von Jesus ein Gift darstellen. Er gilt dann heute als eine der wenigen Betätigungen, die noch Glück verbreiten können. Von einer aktiven Tätigkeit kann in dem Fall, da die Menschen ja vor dem Fernseher oder in der Arena sitzen, nicht mehr die Rede sein. Es sei denn, man hält das Geschrei der Zuschauer für eine Erlösung.

Der Größenwahn produziert aber nicht nur skurrile Verhaltensweisen, sondern stellt einen fast unstillbaren Trieb dar, durch den ein Subjekt sich aus der Masse herauszuheben sucht. Das erkennt man deutlich in Gesprächsrunden, weil dort jeder die Diskussionsbeiträge der anderen noch übertreffen will. Die Auswüchse des Kapitalismus sind darin zu sehen, dass die Güter des allgemeinen Bedarfs nicht mehr nach dem eigentlichen Nutzen verteilt werden, sondern vordergründig nur noch der Darstellung der eigenen Persönlichkeit dienen, die mit Hilfe der Stichworte „Auto", „Kleidung" und „Anerkennung" in der Gesellschaft beschrieben wird.

Das Ausmaß ist so allumfassend und schädlich in der Wirkung, dass es, objektiv betrachtet, Depressionen auslösen muss. Unsere Gedanken kursieren fast immer um die Überlegung, eine noch bessere Figur gegenüber anderen bzw. unserer gesamten Umgebung zu machen. Es müsste jedem, der sich bei diesem Verhalten ertappt, die Schamröte ins Gesicht steigen. Aber aus den erwähnten Gründen, die das ganze Bewusstsein überschwemmt haben und uns pausenlos zum Konsum treiben, bleibt kein Platz mehr fürs Nachdenken. Da auch fast alle Mitmenschen dieser Krankheit unterworfen sind, scheint das menschliche Miteinander generell verloren. Eine Hilfe besteht tatsächlich darin, sich die positiven Beispiele, die Jesus uns gegeben hat, wieder vor Augen zu führen: Sie münden alle in dem Anliegen, hilfsbereit gegenüber anderen zu sein, abgeben und teilen zu können und sich den Sorgen der Mitmenschen anzunehmen, kurz gesagt Mitmenschlichkeit zu zeigen.

Mitmenschlichkeit

Nach dieser deprimierenden Erkenntnis zur menschlichen Fehlbarkeit und ihrer Stabilität, die ich als Größenwahn definiert habe, sollten wir noch einmal nachdenken, inwiefern es einen Ausweg geben könnte.

Wir leben zusammen in unserer Umwelt. Wir nehmen uns und die Umwelt mit unseren Sinnen wahr. Hierzu gehören das Sehen und Hören, das Riechen, das Fühlen und das Schmecken. Aus den Sinnesbrücken entsteht dann im Gehirn ein „Bild", woraus spontan unsere Reaktionen hervorgehen, sodass von Beginn unserer Existenz an derartige Zusammenhänge als Erkenntnisse im Gedächtnis abgespeichert werden. Diese Sinne werden in der Reflexion mit unserem Gehirn auch kritisch hinterfragt, sie müssen also insofern nicht als ewig gültig betrachtet werden. Dies wissen wir von den Forschern und Wissenschaftlern. Was dabei aber praktisch für uns herauskommt, hält meist einer umfassenderen Einordnung nicht stand. Aufgrund ihrer Sinne alleine ist die

Ganzheit der Population der Menschen nicht in der Lage, ein gutes Ergebnis für die Gemeinschaft zu produzieren. Die Sinne und die durch sie bedingten Sinneseindrücke sind selbstverständlich bei jedem Menschen anders strukturiert und werden wiederum gerne von dem Bewusstsein benutzt, um hierüber wiederum das Ego zu pflegen. Wenn die „Technik" in unserem Gehirn schon so sehr auf Unzählbares ausgerichtet ist, dann ist es ja schon fast kein Wunder mehr, dass wir nur noch das mit Wohlwollen abspeichern, was uns gefällt und was wir bekommen. So ist der Trend der Entwicklung auch schon vorgegeben.

Die Möglichkeiten der Menschheit sind immer größer und differenzierter geworden. Mit diesen Voraussetzungen alleine sind aber kein befriedigendes Zusammenleben und keine vernünftige Behandlung der Natur möglich. Wir müssen sogar ins Kalkül ziehen, dass wir unsere Umwelt zerstören und die Erde unbewohnbar machen. Was ist bloß los mit unseren Sinnen oder mit der Art, wie wir sie nutzen? Wir sind irrsinnig geworden!

Wir haben es geschafft, von einem Sammler und Jäger über den Ackerbau und die immer besser werdende Technik zu dem großartigen modernen Menschen aufzusteigen, der aber nicht mehr in der Lage ist, gemeinschaftlich zu handeln, und sich kurz davor befindet, die Lebensgrundlage auf der Erde generell zu zerstören. Menschen, die versuchen, sich über das Schicksal der Gemeinschaft Gedanken zu machen, finden kein Gehör. Mich nennt man, wenn ich in diese Diskussion komme, „Heinz, der spinnt". Den Heinz habt ihr so lange verhöhnt, bis er keine Lust mehr hatte, mit euch zu reden. Er ist inzwischen auch taub und blind geworden.

Er hatte 2014 nur noch ein Computer-Programm, um über „Die Zeit" dann hören zu können, „Was Jesus wirklich gesagt hat". Aber wem Hören und Sehen vergangen sind, der gräbt im Dunkel des Gehirns danach, wo der Schlüssel liegt: „Der Geist ist in uns".

Die Situation auf der Erde und die praktische Anwendung

Eine Spannung zwischen dieser neuen in Beziehung zum Himmel stehenden Welt und uns besteht, weil offensichtlich ein Widerstreit unseres Geistes und unserer biologischen Natur existiert.

Vom Himmel aus ließe es sich planen, uns vor dem Sterben des Planeten zu bewahren, aber so weit sind wir noch nicht. Von Geburt an sind wir geprägt von dem biologischen Verhalten, wie auch die Tiere. Essen und Trinken und all die Freuden des Daseins überdecken zunächst unser Leben. Allerdings wird gleich nach unserer Geburt in dem biologischen Körper das „Raster" für den neuen Geist installiert. Der rührt in einer speziellen Wiedergeburt entweder von einem vor uns gestorbenen Menschen her oder er wird von Gott neu „installiert". Die Wiedergeburt ist natürlich nicht eine komplette Wiederherstellung, einschließlich des Körpers eines Verstorbenen, sondern sozusagen die Wanderung des Menschen in geistiger Form. Dies ist vorgesehen, wenn er den vorherigen biologischen Körper nicht ausreichend formen konnte, um ihn als Werkzeug für die Pläne Gottes zu präparieren.

Wenn wir hier unseren Körper vergessen könnten, wäre der Weg direkt in den Himmel für uns bereit. So ist es aber nicht geplant. Unser Geist soll im Zusammenleben mit dem biologischen

Produkt eine Einheit erzeugen. Hier soll der Geist dann lernen, die Gedanken in unserem biologischen Körper zu formen. Wenn der Geist in uns nicht stark genug ist und unser Tun auf der Erde nicht dem Willen des Schöpfers entspricht, dann wird dieser Geist entweder in einer neuen Wiedergeburt eine weitere Chance bekommen oder er wird nach der Prüfung an den Toren des Himmels aufgehoben und mit dem Tod des Körpers gelöscht. Dieser Zusammenhang trifft uns Menschen zunächst ins Innere. Wir schaffen das einfach nicht allein.

Ich könnte mir vorstellen, dass hier trotzdem etwas Gutes herauskommt, dazu müsste ich meine biologisch begrenzte Phantasie benutzen und mit dem gleichsam begrenzten Verstand gegen den Willen Gottes interpretieren. Mir ist angst und bange davor. Ich werde es versuchen, weil ich mir dafür einen ganz praktischen Gedanken zurechtgelegt habe.

Es müsste dann das Zusammenspiel zwischen einer biologischen Erde und dem Universalgeist als ein Versuch bewertet werden. Wenn es schon einen Planeten mit Menschen gibt, die außerdem ein Bewusstsein und einen freien Willen besitzen und zusätzlich noch den Verstand zur Verfügung haben, mit dem sie letztlich diesen Planeten wieder unbewohnbar zu machen vermögen, dann könnte ein Universalgeist doch auch mal den Versuch machen, eine zweite Identität in dem biologischen Körper unterzubringen. Diese hätte dann bei uns eine sehr gute Position, und der Verstand könnte sich jederzeit Rat holen bei seiner geistigen Form; und wenn es dem Menschen gelänge, die Verlockungen seines Lebens in Schach zu halten, dann gäbe es auf diesem Planeten einen Platz, um zum Kind Gottes zu werden. Hier müsste dann die offensichtlich böse Entwicklung des Lebens nicht in eine Vernichtung führen, sondern würde durch die Kraft des Geistes gerettet. So weit kann die Phantasie eines Menschen gehen. Ich möchte es aber mal zu Ende denken: Unsere einzige und wesentlichste Entscheidung liegt darin, den süßen Verlockungen, die in den vergangenen 100 Jahren stets gewachsen sind, z. B. in Form der Entertainmentindustrie, der Filmbranche und etlicher anderer Branchen, den Rücken zuzukehren und uns den Mitmenschen zuzuwenden.

Mir ist aus meiner Kindheit ein Spielchen in Erinnerung geblieben. Es ging immer so: „Ich sehe was, was Du nicht siehst, und das ist schwarz". Da wusste das Gegenüber natürlich, dass es seine schwarzen Haare waren. „Ich sehe was, was Du nicht siehst, und das ist eine Kugel." Nach ein bisschen Bedenkzeit kam dann natürlich die Lösung: die Augen. Dieses Spielchen finde ich sehr interessant, weil vieles über uns nur durch die Reflexion von außen bekannt wird. Das ist philosophisch. An einer Erweiterung dieses Spielchens bin ich aber bis heute hängengeblieben: Ich habe was, was Du nicht hast. Ob es damals um Spielzeug ging oder schon um ein paar neue Schuhe, das weiß ich nicht mehr – wohl aber, dass es wehgetan hat – wohl auch wechselseitig – wenn man feststellen musste, dass jemand etwas sein Eigen genannt hat, was man selbst auch gerne gehabt hätte. An dieser Stelle heißt es bei Jesus: „Seid nicht besorgt um das, was ihr anziehen sollt" (Matthäus 6,25), oder das Gegenstück: „Kümmert euch um das Wohl eurer Mitmenschen" (Lukas 11, 42).

Die Aufgabe, die den Menschen während ihres biologischen Daseins gestellt ist, ist ganz einfach. Die Abwendung von dem Eigennutz (Egoismus), auch vom Größenwahn, und die Hinwendung zu dem Wohl der Menschen, mit denen wir zusammen sind.

Es geht also im Leben nicht um „Ich habe was, was Du nicht hast", sondern um die Frage: „Wie geht es Dir, brauchst Du etwas?" Hier an dieser Stelle entscheidet sich nicht nur, wie die Prüfung an den Himmelstoren nach dem biologischen Tod ausgehen wird, sondern bereits das Miteinanderleben auf der Erde.

Man kann es sich kaum vorstellen, welch ein Paradies wir schon hätten, wenn diese große Wende in Gang käme.

„Das ist doch alles Spinnerei", muss ich mir dann anhören. Ach, ihr tut mir so leid, dass ihr das nicht versteht. Ihr braucht euch doch bloß mal mit eurem Geist zu unterhalten, dann sprudelt plötzlich die Freude aus allen Knopflöchern. An diesem kleinen Unterschied zwischen Geben und Nehmen spiegelt sich das ganze Desaster zwischen Verprassen und Hungern und zwischen einem freudigen Miteinander und diesem scheußlichen Kriegsgeschehen. Selbst die Nachhaltigkeit ergäbe sich ganz von allein, weil niemand mehr einen BMW zum Einkaufen bräuchte, denn in seinem eigenen Garten könnte man ja sein Gemüse und Obst anpflanzen, so wie früher. Und das Umgraben eines Gartens ließe einen schon erahnen, wie gut die frischen Möhren schmecken würden. Die Gegenfrage kann ich gleich beantworten. Ich habe diesen gottgewollten Zustand in meiner Kindheit schon erlebt und geschmeckt – ja, wenn da nur nicht gleich auch der Krieg gewesen wäre. Wir Menschen müssen doch irgendwo einen Hohlraum im

Kopf haben, dass uns das so einfache Zusammenleben nicht gelingt. Die Wirtschaft sorgt dafür, dass unsere Begierde bis in die Unendlichkeit programmiert ist. Die Gesellschaften weltweit sind leider geprägt von der Wirtschaftsform, die wir Kapitalismus nennen.

Gut, gut, das weiß ja jeder – aber warum horchen wir abends nicht mal still in uns hinein, dann ergäbe sich ein Dialog, der für den nächsten Tag eine wohltuende Wirkung hätte. Es ist nicht zu fassen, der Abstand zu unserem Geist ist gleich *Null*. Dieser Schritt in unserem Bewusstsein ist allerdings gewaltig. Alle Kulturen der Welt hatten bisher einen Gott oder Götter, den oder die sie erst einmal schön auf Abstand hielten, bis dieser Gott dann jemanden aus seiner Nähe auf die Erde geschickt hat, um uns die Wahrheit zu verkünden. Obwohl wir die Worte von Jesus seit ein paar Jahren in einer authentischen Übersetzung zur Verfügung haben, kümmert sich keiner darum, es hört nicht auf, den Gegner totzuschlagen.

Liebe Leser, ihr könnt diese alles wendenden Sätze in der Veröffentlichung von Franz Alt mit seinen Erklärungen selbst lesen und für euch selbst entscheiden. Aber die Entscheidung liegt in dem Vertrauen zu unserem Geist. Das Wort „Gott" sollten wir streichen, denn auch unsere schlauen Physiker sind mittlerweile in der Forschung so weit gekommen, dass sie hinter den kleinsten Teilchen der Energie nur noch die Geisteswelt ausmachen können. Also, gewöhnt euch daran, dass im Himmel und auf Erden alles auf Geist beruht. Natürlich gibt es dann noch die Energie und die Materie, aber das ist alles vergänglich. Unser Geist (nicht unser Verstand) ist auf ewig angelegt, wie auch alles andere um uns herum. Wo aber der Gesprächspartner, den wir früher als Gott bezeichnet haben, sich befindet, lässt sich nur mit dem Wort „überall" erklären. Wobei das Erklären nicht für die Realisation Gottes erforderlich ist. Auch wenn es Gott gibt, können einige ihn nicht in sich selbst wiederfinden.

Um jetzt hier zur Tagesordnung zurückzukehren: Alle Anstrengungen der Wissenschaft, z. B. die Nachhaltigkeit mit der Wirtschaft zu vereinbaren, sind vergebene Liebesmüh. Jeder Mensch muss einzeln für sich mit Hilfe des Geistes sein biologisches *Ego* überwinden und sich den Rat um die richtige Lebensweise bei dem Geist holen.

Ich sehe schon das Lächeln und Kopfschütteln der weisen Menschen, aber es sind leider nicht die anderen, die das Desaster unseres Planeten herbeigeführt haben, sondern wir alle, einzeln und persönlich. Wir leben den ganzen Tag in einer Quasselbude. In Zeitungen, Fernsehen, im Radio, auch die Menschen untereinander verhalten sich so. Überall sind schlaue Menschen am Werk, das ist eine gigantische Quasselbude. Das geht dann auch in unseren Gremien selbstverständlich so weiter. In Kassel ist gerade in der Wilhelmsstraße ein „Labor für Nachhaltigkeit" entstanden.

Lasst uns doch mal zur Ruhe kommen, wir werden in absehbarer Zeit gezwungen sein, über unsere Lebensform und die Zukunft nachzudenken. Wenn wir dann noch eine haben, wird diese sehr viel einfacher gestaltet sein. Lasst uns anfangen nachzudenken, am besten gleich mit dem, was Jesus wirklich gesagt hat.

Der Sinn des Lebens auf der Erde

Für eine Neugestaltung des Lebens auf der Erde, ausgehend von der Einsicht der Menschen in die Mitmenschlichkeit und in die Notwendigkeit der Neugestaltung der Menschen, müssten viele heute für gut und richtig erachtete Einrichtungen zunächst einmal auf den Prüfstand gestellt werden. Ich kann mir zwar schon ausmalen, was wir alles an Institutionen verändern müssten. Dieses Ausmaß ist für mich schwindelerregend. Ich habe mir dazu schon einiges zurechtgelegt, aber das wird für die Neugestaltung insgesamt bestimmt nicht reichen. Trotzdem bin ich zur Umgestaltung entschlossen und dazu, das Gegeneinander in ein Füreinander zu wandeln – das ist dabei der zentrale Punkt.

Damit ist aber auch ganz klar geworden, dass es nicht unsere Verwaltungen und Regierungen sind, die hier etwas zustande bringen sollen. Hier ist allein das erforderlich, was Jesus uns in seiner Botschaft hinterlassen hat.

Der Weg geht hier eindeutig nicht über die Quasselbuden, die heute Nachrichten dominieren, sondern wir wählen ihn mit Hilfe unseres Gott-Geistes einzeln, jeder Mensch entscheidet hier vollständig und nur für sich selbst. Die Hingabe an den Gott-Geist könnte es möglich machen, die Gedanken der Menschen anzunähern und die Ergebnisse der praktischen Arbeit von uns zu dem Ziel führen, auf der Erde Zustände zu schaffen, die denen im Himmel ähneln. Dazu wird unser Gott-Geist, wie Jesus schon vorausgesagt hat, die Tore des Himmels öffnen und die Engel auf die Erde schicken.

Das Muster dafür hat uns Jesus schon gegeben, indem er sagte: „Ich war schon auf der Erde und bin schon auf der Seite Abbas gewesen und von dort wieder zur Erde zurückgekommen." (Johannes 14, 1–3)

Wir haben ja auch von Jesus erfahren, dass die Menschen nach ihrem Tod ihre biologische Hülle verlieren und in ihrer geistigen Form daraufhin geprüft werden, inwieweit sie dem Willen *Abbas* entsprechen. Je nach dem Ergebnis steht ihnen dann der Himmel offen oder ihr Geist wird in ein Neugeborenes auf der Erde eingehen.

So wird über die Zeit hin auch eine große Zahl an Menschen im Himmel angekommen sein, die dann nach einer Katastrophe der Bevölkerung des Planeten für einen Neuanfang zur Verfügung stehen werden.

Hier könnte dann allerdings das Spiel weitergehen, denn der gleiche Planet könnte sofort wieder mit der himmlischen Mannschaft neu bevölkert werden. Ob diese Behandlung der Erde tatsächlich von unserem Geist-Gott so gewollt ist, vermag ich nicht zu sagen. Ich habe schon ein schlechtes Gewissen, das zu lesen, was mir in den Sinn gekommen ist. Trotzdem ist für mich die Annahme, dass es sich hier auf dem Planeten um ein Projekt Gottes mit dem Menschen und dem Glauben handelt, nicht total fremd. Für unseren Gott-Geist spielt der zeitliche Effekt so gut wie keine Rolle.

Ich versuche mal, mich zu quälen, was denn wohl hinter dem gesamten Schöpfungsprozess stecken könnte. Hinsichtlich der ursprünglichen Schaffung von Raum und Zeit und der Verwendung der Energie für materielle Gebilde ist noch kein tieferer Sinn zu erkennen. Nach meiner Vorstellung kann das nur Sinn ergeben, wenn unser Gott-Geist es sich vorgenommen hatte, den Geist, der ja wohl der Anfang allen *Seins* ist, auch in Kombination mit Materie zu verwirklichen. In dem Rahmen erscheint auch der Umweg über die Biologie, also über das Leben auf dem Planeten, logisch und verständlich zu sein. Dass bei einem solchen Prozess ein Trial-and-Error-Verfahren vorkommt, ist für Physiker nichts Neues.

Grausam scheint mir allerdings die Zerstörung unseres Planeten, die unser liebender Gott so hinzunehmen scheint, das kann ich so nicht überbrücken. Die Entwicklung des Homo sapiens an seiner geistigen Komponente vorbei hin zu dem lächerlichen Objekt des Kapitalismus ist unfassbar. Die Verdummung der Menschen ist unbegreiflich, denn sie zerstören ihren eigenen Lebensraum und verseuchen ihre eigene Nahrung. Ich kann mich noch damit retten, ein Engel zu werden, der im Himmel lebt, das wäre meine Flucht.

Wenn man sich später als unbelasteter Erdenbewohner diese unfassbare Dummheit des Kapitalismus vor Augen führt, müsste es doch heilsam sein, nicht erneut auf diesen Irrweg zu geraten. Na, dann viel Glück, liebe Erdbewohner im Jahre 4000 n. Chr.

An dieser Stelle möchte ich beenden, über den Willen Gottes nachzudenken und stattdessen die Fackel, die Jesus entzündet hat, weiterreichen. Ich erinnere mich gern an das Wort Jesu „Wer mich vor den Menschen nicht verleugnet, den werde ich auch vor den Engeln im Himmel nicht verleugnen." (Matthäus 10, 33)

Die Rettung der Erde

Wie wir unsere Erde geplündert haben, um die Kohle, das Erdöl und Gas zu unserer Bequemlichkeit zu nutzen, so sind wir, ohne die Folgen abschätzen zu können, schon einmal plötzlich wach geworden.

Solange auf der Erde Tiere und Menschen lebten, die sich von dem ernähren konnten, was ihnen die Natur an Früchten, Wurzeln und Ähnlichem bot, solange wir Menschen also wie im Paradies lebten, solange stellten wir auch keine Gefahr für die Umwelt dar. Die Leistungsfähigkeit unseres Gehirns hat sich im Laufe der Zeit immer stärker verbessert, und die Leistungen unseres Gehirns haben sich in den letzten Jahrzehnten kontinuierlich gesteigert. Gleichzeitig hat sich aber auch das Bewusstsein immer weiterentwickelt. in der Hinsicht gibt es sehr unterschiedliche Entwicklungen. Zuerst gab es eine Abgrenzung zwischen den Tieren, die dann irgendwann zu der Entwicklung des Homo sapiens geführt hat – fressen und gefressen werden, wie es über die Natur heißt. Die frühen Menschen waren auch durch ihre Ausbreitung mehr und mehr gezwungen, Nahrung zu beschaffen, sie begannen, Pflanzen zu züchten, Landwirtschaft zu betreiben und wurden dadurch letztlich sesshaft. So entstand an den Plätzen mit den günstigsten Lebensbedingungen bereits eine Verdichtung und Gruppierung der Menschen. Das Ich-Bewusstsein hat sich demnach immer weiter entwickelt, bis die Menschen für sich die persönliche Freiheit entdeckt haben, die sie bis dato nicht gebraucht haben, denn vor dem Sesshaftwerden waren sie ja noch Jäger und Sammler und immer auf der Jagd nach dem nächsten Futter.

Damit wurde dann der Weg für die Entwicklung zu dem modernen Menschen geebnet.

Wir Menschenkinder waren erpicht darauf, immer neue Techniken zu entwerfen. Für unsere Ernährung sorgen die Bauern, und für alles andere, was wir brauchen (oder auch nicht brauchen), wird uns Werbung hingehalten; und wir müssen nur noch unser Selbst verraten und wie die Sklaven arbeiten, dann schließt sich schon wieder der Kreis und es kann wieder von vorn losgehen. Der Kapitalismus ist eine traurige Angelegenheit. Da bleibt den Menschen nichts Dümmeres als der „edle" Profisport, um sich abzulenken von der eigenen Krümeligkeit hin zu den Großtaten der unnützen Sportler, die nur für die Unterhaltung der Massen tätig sind. Hier treibt unser Größenwahn dann noch die dümmsten Blüten.

Tragisch wird die ganze Geschichte aber dadurch, dass wir mit fortschreitender Technik den Planeten total ausgeraubt haben. Es ist kaum noch genug Sauerstoff da, um uns am Leben zu halten. Das schöne Gleichgewicht eines natürlichen Umfeldes wird durch die scheinbar unabänderlichen Bedürfnisse von Menschen so weit in die Enge getrieben, dass die Wissenschaft schon ganz cool Prognosen macht, wann denn unser Dasein auf diesem Planeten nicht mehr möglich ist.

Nach einem tiefen Durchatmen regt sich bei mir dann aber immer noch der Wille, sich gegen den weltweiten Trend in Richtung Unbewohnbarkeit der Erde wenigstens verbal aufzubäumen. Die Aktionen von Gruppen, die uns die Situation vor Augen führen wollen, mit Plakaten in der Hand und mit Sitzstreiks auf den Straßen, ernten nur Spott und Ärger sowie das Eingreifen der Polizei. Das stößt mich schier in Verzweiflung. Mir bleibt keine andere Hoffnung, als dass die Menschen wachgerüttelt werden, ihre Position auf der Erde und im Universum erkennen und endlich über das nachdenken, was sie so spöttisch „Religion" nennen. Für mich ist eine Rettung der Erde nur noch möglich, indem wir uns Hilfe von oben erbitten und unsere Ratlosigkeit kundtun. Die Adresse kann aber nicht die Regierung sein, denn die Abgeordneten sind auch nur auf die Wahlergebnisse ausgerichtet. In anderen Regierungen sind die Machthaber schnell bereit, durch ihre Polizei ihren egoistischen Willen durchzusetzen. All dies lässt sich nur zugunsten der Menschen in geordnete Bahnen lenken, wenn wir uns gegen unser eingefleischtes, bedienendes Konsumverhalten und den Kapitalismus wenden und uns stattdessen des Boten Jesus erinnern, den uns unser universeller Gott-Geist geschickt hatte.

Ich könnte mir vorstellen, dass der Schöpfer angesichts dieses Zustandes die Notwendigkeit erkannt hat, Menschen gezielt zu beeinflussen, um zwischen Gut und Böse zu vermitteln. Gemäß dem, was ich mir bisher über unseren Gott aus der Bibel zusammengereimt habe, und laut den authentischen Worten Jesu verfolgt unser Schöpfer das Ziel, in einem biologischen Umfeld Menschen entstehen zu lassen, die durch Anwendung ihres Verstandes den „Grundstock" allen Seins, die Entscheidung über Gut und Böse, erschließen können. Der Satz von Jesus „Es werden nur wenige sein, die auf dem schmalen Pfad gewandert sind und dann Einlass in die Herrlichkeit des Geistes finden" (Zitat 59 von Franz Alt, Matthäus 18, 3) verleitet mich zu dem Schluss, dass die biologische Form eines Menschen im Himmel nicht gebraucht wird.

Es sollen sich aber im Bereich des geistigen Selbst die Elemente so entwickeln, wie sie nach dem Willen Gottes beschaffen sein müssen. Also: Warum hat Gott die Sonne und Erde so schön zusammengebracht? Natürlich, um dort Leben, also auch uns Menschen, zu erschaffen, die ein geistiges Rückgrat besitzen, über das sie die Entwicklung beeinflussen und die Qualität überprüfen können. Diese Antwort scheint mir noch verständlich zu sein, aber ich kann mir nicht vorstellen, dass der Schöpfer etwas erschafft, das die erschaffenen Elemente und die Erde wieder zerstört. Hier setzt wieder der Ratschlag Jesu ein, dass wir unserem Schöpfer vertrauen sollen, weil er uns den Hinweis gibt, dass Gott uns in unserem Selbst hilft, den richtigen Weg zu finden.

Die Verlockungen in den authentischen Worten unseres Jesus sind so stark und hinterlassen eine so kräftige Sehnsucht, dass ich mir nicht vorstellen kann, dass irgendein Mensch daran vorbeikommt.

Aus den Reden Jesu bleibt nur der Wunsch, dass wir alle zusammen endlich in einem neuen Abschnitt des Lebens auf der Erde zusammenkommen und die drohende Klimakatastrophe abwenden. Der Kapitalismus, als die Nahrung des menschlichen Größenwahns, kann nur durch die Hilfe unseres Gott-Geistes besiegt werden. Für diese Hilfe aus der geistigen Welt in der materiellen Welt benötigt unser Schöpfer auch unsere Hände. Und weil wir mit dem Verstand, der uns in diese Situation geführt hat, auch wieder aus ihr herauskommen können, wenn wir Gottes Hilfe nachfragen, stehen uns die Worte zur Verfügung, die er durch Jesus neu formuliert hat. Wir müssen das Regelwerk in uns zur

Wirkung bringen. Das Dilemma ist, dass es uns ohne dieses Regelwerk, jedenfalls den reichen Menschen, trotzdem so gut geht. Wenn wir nach den Hinweisen des Regelwerkes gelebt hätten, dann wäre die Welt heute eine andere und wir würden anders zusammenleben. Die Menschen, die sich in Wissenschaft und Politik damit beschäftigen, die Klimakatastrophe abzuwenden, gehen von einer großen Umwandlung aus, die sie mit dem Wort „Transformation" erst einmal kleinreden. Die Maßnahmen für die Abwendung der Probleme des Planeten werden auch schon einträchtig besprochen, nur leider handelt niemand. Die Vorstellung von einer CO_2-neutralen Produktion in Industrie und Landwirtschaft gibt es schon lange und kann weitgehend realisiert werden. Das Problem befindet sich damit natürlich wieder bei den Menschen. Da denkt doch jeder wieder nur an sich.

Um das Leben auf der Erde zu retten, müssen wir uns natürlich gemeinschaftlich anstrengen. Da ist es kontraproduktiv, wenn sich die ersten „Geldsäcke" auf verschiedenen Breitengraden eine Villa errichten, um von dort aus dann in Ruhe und Frieden dem Ende entgegensehen zu können. Aber so wird es nicht gehen. Auf allen Ebenen, in der Familie, der Nachbarschaft oder zwischen den Nationen, muss die Transformation bei der Menschlichkeit beginnen. Genau damit sind wir dann an dem Punkt, wo Gott uns seine Hilfe anbietet.

Hier tut sich dann allerdings schon sofort wieder das weit und breit bekannte Problem auf, dass wir ja nicht nur aus unserem geistigen Teil bestehen und es außerdem für Menschen immer noch schwierig ist, sich von ihrem biologischen Körper zu verabschieden und sich auf den geistigen Kontakt mit Gott zu verlassen. Wie Jesus an vielen Stellen gesagt hat: „Wenn ihr denn nur euer Sein erkennen würdet." (Johannes 8, 19) Das Grundproblem ist, dass wir in unseren Vorstellungen nur unseren biologischen Körper im Sinn haben. Hilfe braucht dieser Körper eigentlich nicht, denn seine Existenz ist zeitlich begrenzt. Die Kommunikation mit unserem Schöpfergeist zu pflegen, das hätten wir von Kind an schon in der Schule lernen müssen.

Heute geht es nur um das dumme Spiel, dass sich der eine biologische Mensch über den anderen erheben muss. Dies ist natürlich der falsche Ansatz. Hier wäre genau die Gemeinschaft untereinander gefragt, wie sie in dem Regelwerk, das uns Jesus übermittelt hat, beschrieben ist. Der Kampf gegeneinander würde wieder alle Ressourcen aufbrauchen und die Energie verpuffen lassen, mit der wir uns eigentlich aus dem Sumpf retten müssen.

Unser Gehirn allein kann das Problem nicht lösen. Wir müssen endlich den unmittelbaren Blick nach außen abstellen und stattdessen auf einen besseren Weg gelangen. Jesus sagt schon, wenn ihr es schafft, den Willen Gottes zu tun, dann werdet ihr allerdings auf dem Weg in den Himmel ziemlich einsam sein. Die Mitmenschlichkeit lässt sich nicht so einfach verwirklichen, obwohl die Kommunikation mit unserem Gott-Geist so hoffnungsvoll begonnen hat. Es ist im Grunde ein Relikt aus der Entwicklung der Natur generell. Die Pflanzen haben bunte Blüten, wenn sie darauf angewiesen sind, von den Insekten bestäubt zu werden. Die Hirsche haben mächtige Geweihe, um unter den Wölfen Angst davor zu verbreiten. Die Bäume wachsen in die Höhe und in die Bereite, um gegenüber den anderen Pflanzen schneller und umfangreicher die Sonnenstrahlung einfangen zu können usw. Bei den Menschen hat sich der Überlebenskampf untereinander und gegenüber anderen Gruppen in verschiedenen Wirkungsformen entwickelt, wobei auch hier eine Auslese zugunsten des besser Angepassten stattfindet, gemäß dem Satz „survival oft he fittest". Das alles hat das Leben auf der Erde aus den einfachen biologischen Verbindungen zu der unglaublichen Vielfalt geführt. Diese Entwicklung, besonders die der technischen Möglichkeiten, ist bei uns Menschen so „großartig" geworden, dass wir uns z. B. mit Nuklearwaffen leicht auslöschen und das übrige Leben wieder auf Anfang setzen könnten. Das scheint gegebenenfalls ganz locker und einfach vonstattenzugehen – Stichwort „Naturkatastrophe". Wenn wir uns all das zu Gemüte führen, scheint unsere Zukunft besiegelt.

Das also ist das Leben, das wir kennen und ausleben. Unsere Situation sieht absolut hoffnungslos aus. Spätestens jetzt ist die Zeit für eine Einkehr. Nur eine Predigt der Endzeit, wie sie im Mittelalter täglich gepredigt wurde, die passt nicht in meinen Kopf, weil sich dort der Gott-Geist platziert hat, von ihm habe ich so viele und so große Hilfen erfahren, dass ich ihm alles zutraue, schöne und neue Dimensionen.

Und das, was uns Jesus als den Willen Gottes in zwei- oder dreihundert Sätzen hinterlassen hat, das bleibt in der Einsamkeit und Dunkelheit unserer Gedanken hängen. Diese Erkenntnis ist deprimierend.

Ich kenne ja den Gotteswillen genauso wenig, wie Jesus das von sich gesagt hat. Deshalb können sich Menschen, auch wenn sie sich entschieden haben, den Worten Jesu bzw. dem Geist und dem Willen Gottes zu folgen, zwar unauffällig nach ihrem Tod in den Himmel führen lassen, aber damit wäre die Erde ja nicht gerettet. Mir ist inzwischen die Lust am Schreiben hier fast vergangen, denn eine zweite Realität ist die, dass es möglicherweise gar nicht geplant ist, die Erde an diesem Punkt überhaupt zu retten. Es könnte schon sein, dass Gott einverstanden ist, wenn das Leben, wie es sich in Milliarden Jahren gebildet hat, genau in unserer Zeit an dieser Stelle endet. Anderseits könnte es aber auch so sein, wie ich es schon an kleinen Problemen erlebt habe, dass ich hoffnungslos eingeschlafen bin und am anderen Morgen mit einem Bewusstsein wieder aufgewacht bin, dass es einen gangbaren Weg gibt, der selbstverständlich war und mich aus der großen Ratlosigkeit herausgeführt hat.

Ein großes Problem für uns ist natürlich die Ratlosigkeit des Verstandes. Wenn wir nicht in der Lage sind, uns neben unseren täglichen privaten Problemen auch den Konflikten der Gesellschaft und Umwelt zu widmen, dann trudeln wir in eine Situation, in der unsere egoistischen Interessen in der Summe das Leben auf der Erde gefährden. So hatten wir uns das bestimmt auch nicht vorgestellt, aber es gibt auch keine funktionelle Institution, die ausreichend Wissen und Durchsetzungsvermögen besitzt, um die milliardenfachen egoistischen Fehler zu korrigieren. Es sieht nicht so aus, als ob die Menschheit sich zusammenfinden könnte, um ihr gemeinsames Problem zu lösen. Selbst Wirtschaft und Politik sind hilflose Einrichtungen, solange sie sich von Gewinnen und Macht beherrschen lassen.

An dieser Stelle sehe ich dann nur einen Hoffnungsschimmer, der mir beim Lesen der authentischen Worte von Jesus gekommen ist. Wir verfügen über zwei ganz großartige Hebel, der eine ist die Kommunikationsmöglichkeit mit einer überirdischen Weisheit, und der andere Hebel liegt in dem Potential des Geistes. Der Geist in uns ist von demselben „Stoff" wie der Geist des Himmels, und nach allen Beobachtungen und Erfahrungen ist es für mich auch zur Gewissheit geworden, von dem Universalgeist unglaublich prägnante Hinweise zu bekommen. Die Überraschung in der Kommunikation ist für mich, dass sich nach einer unruhigen Nacht am anderen Morgen ein Weg öffnet, der immer gangbar ist und wie ein Licht im Dunklen erscheint. Wer dann in dem Leben auf der Erde gelernt hat, die menschlichen egoistischen Vorhaben mit den Gedanken, die uns zugeflogen sind, abzugleichen, und wer die Ohren gespitzt hat, was wohl der Geist dazu meint, der vergisst das nicht mehr und begreift nach und nach, dass dies der einzige richtige Weg ist.

Wenn ich aus meinen tiefen Gedanken aufwache oder wachgerüttelt werde, dann kommen mir natürlich auch all die Reaktionen wieder vor die Augen, die ich erlebe, wenn ich mal so dreist bin, mich darüber mit anderen Menschen zu unterhalten. Die haben dann in der Regel fast alle das Bedürfnis, mich aus dem Dunkel, wie sie sagen, wieder an das helle Licht des Tages zu holen. Miteinander ist sich meine ganze Umgebung sicher, dass ich altersbedingt in einen Brunnen gefallen bin und mich da nicht mehr herausretten kann. Mit dieser Interpretation bin ich einverstanden, nur – ich halte mich für den Geretteten und blicke hilfesuchend zu den fröhlichen Kolleginnen und Kollegen mir gegenüber.

Die künstliche Intelligenz (KI)

Eine der spektakulären und ach so fortschrittlichen Entwicklungen bietet angeblich die künstliche Intelligenz. Ich wehre mich dagegen, dass meine Intelligenz, auch wenn sie nur einen Maurerverstand widerspiegelt, durch künstliche Manipulationen verbessert werden muss. Ich habe nichts dagegen, wenn die Programme für den Computer verbessert werden, damit ich sie besser verstehen kann, aber künstliche Intelligenz, die ist und bleibt ein Produkt der IT. Die Grenze zwischen dem, was in meinem Kopf rotiert, und dem, was von draußen kommt, ist unantastbar und sie trennt Welten. Ich werde es nicht zulassen, dass meine Intelligenz durch eine künstliche Manipulation ersetzt wird. Meine Hoffnung ist nur, dass die Bezeichnung lediglich ein blöder Marketing-Trick ist. Die KI soll sich dann selbständig machen und uns dann die Gedanken abnehmen. Daher hat das Wort selber bei mir sofort die Alarmglocken ausgelöst: Lass es mal wieder ein neuer Trick des Marketings sein. Kein Mensch kommt ins Grübeln darüber, wie sehr wir unseren Verstand und sogar unseren eigenen Willen schon dem Einfluss der professionellen Einflüsterer ausgeliefert haben. Die KI beginnt schlicht damit, ihre Nutzer zu fragen, was und wie sie es denn gerne hätten, und man kann sich dann sicher sein, dass sie in den weltweiten Ideen zur Beglückung der Konsumenten ein paar wunderbare und passende Angebote zur Verfügung stellt. Sie liefern nichts anderes als Halluzinationen. Die sind selbstverständlich von der einzigen Arbeit, die dieser Schicht von Menschen noch im Kopf spukt, kreiert worden, um noch mehr Geld zu verdienen, ohne dass die Benutzer dies bemerken. Dieses Glücksgefühl bei den Nutzern ist fundamental, weil das Produkt „wie für sie gemacht" erscheint, sodass die Verbraucher sofort ihre Kontonummer preisgeben.

In Bezug darauf ist allerdings auch die Politik nicht wach geworden, und sie hat auch keine Strategien entwickelt, um diese Bedrohung noch einmal abzuwenden. Es wird in allen gängigen Informationen das Horn geblasen: „Hier werden wir endlich wieder einen Wachstumsschub bekommen." Damit sind dann auch schon wieder alle gleichmäßig bedient: Die Kunden sowieso, die Produzenten auch und die großen Abräumer im Bankenwesen reiben sich die Hände. Eine überdimensionale schwarze Wolke zieht am Himmel auf und wird nicht allein die Fruchtbarkeit des Bodens zerstören, sondern unser Gehirn lahmlegen. Die Zuversicht, dass wir hier durch unsere immer besseren Erkenntnisse auch die Ursachen des Klimawandels in den Griff bekommen, halte ich im Moment noch für leichtfertig. In dem harmlosen Wort „Transformation" steckt noch lange nicht die Kraft, dass die Menschen ihres Konsumrausches Herr werden und sich eines Besseren besinnen.

Der Trick dabei ist, dass der Konsumrausch in den Köpfen der Anwender seinen Ursprung hat. Auch hier dominieren lauter Wunschträume. So wie junge Leute heute bei jeder Frage ihr Handy zücken, um sich eine Antwort einspielen zu lassen. Wenn ich KI höre, bereitet sich in meinem Kopf ein weißes Leichentuch unvorstellbarer Größe aus, unter dem alles erlischt, worauf wir Menschen so stolz waren. Wenn die KI-Entwicklung weiter so voranschreitet wie bisher, erlischt der Verstand des Menschen restlos durch die überbordende Kompetenz der KI. Das entwickelt sich dadurch, dass die KI nur Daten und Darstellungen wie auch Lösungsvorschläge zu den angesprochenen Problemen weltweit zusammensucht und durch „geniale" Zusammenfügung der gewonnenen Erkenntnisse dann pauschal eine scheinbar für den speziellen Fall ideale Lösung bereithält.

Unser „Bewusstsein" wird überspielt und damit wird auch unsere Freiheit wirkungslos. Danach wäre es auch nicht mehr so spannend, sich um Auferstehung oder den Einzug in den Himmel zu bemühen, denn unsere Existenz wäre schon erloschen. Dann wäre unser Gott allerdings aufgerufen, die Erde als einen toten Planeten zu sehen und sich nach neuen „Mitarbeitern" umzusehen.

Eine weitere Bedrohung für die Spezies „Mensch" liegt schon zur Anwendung bereit. Die Möglichkeit, die Gedanken der Menschen auszulesen. Die Technik hat damit begonnen, bei Fehlern im neuralen Netzwerk Hilfestellungen zu implantieren oder von außen einzubringen, die es Betroffenen ermöglicht, z. B. mit der Hand die Maus zu bedienen oder vom Gehirn aus in Funktionen des Körpers einzugreifen, die zu einer Behinderung geführt haben. Der große Schrecken ist bei mir entstanden, dass man durch technische Möglichkeit meine Gedanken auslesen kann. Die gehen niemanden etwas an! Meine Gedanken bilden die Stelle, die meinem

Abba vorbehalten ist. Dort kann ich keine Vorrichtung technischer Art gebrauchen. An dieser Stelle habe ich schon lange eine so große Hilfe empfangen, wenn es darum ging, über Gut und Böse zu entscheiden, die kann ich nicht preisgeben.

Selbstverständlich malen sich unsere Kapitalisten die Zukunft auch hier sehr euphorisch für ihr Geschäft aus. Die Unternehmen sind so besorgt wegen der großen Konkurrenz, dass sie gegebenenfalls, wenn die technischen Möglichkeiten zur Verfügung stehen, in die Gedanken von Menschen einzudringen bereit sind, um den Wunsch an die erste Stelle zu bringen, das neueste Modell des E-Autos einer bestimmten Firma sofort zu bestellen. Das wäre denen leicht möglich, die den Zugriff auf die Gedanken haben. Der erste Weg „des armen Irren" am anderen Morgen würde dann zum Autohändler führen. Wer glaubt, dies sei nur eine Fiktion von mir, der muss sich nur vor Augen führen, dass unser mutmaßlich reichster Mann auf dem Planeten schon seine eigene IT-Firma gründet, um einen kommerziellen Vorsprung zu erlangen. Die Anwendung des Auslesens von Gedanken ist in der kommerziellen Branche schon für das nächste Jahrzehnt vorgesehen. Dr. phil. Bruno Gransche; forscht am Fraunhofer ISI und lehrt am KIT in Karlsruhe. Seine Forschungsschwerpunkte sind Zeit-/Technikphilosophie, Foresight, Zukunftsdenken sowie neuartige Mensch-Technik-Verhältnisse. Selbstverständlich werden dort auch die neuesten KI-Anwendungen eine wirkungsvolle Aufgabe übernehmen.

Die Unruhe und die Wut

Was ist nur los auf unserer „Mutter Erde"? Wir wissen, dass wir unsere biologische Vergangenheit noch nicht vollständig erfasst haben. Doch jetzt, wo wir die Zusammenhänge besser verstehen, scheinen die Menschen verrücktzuspielen. Wir haben Probleme erkannt, die wir zuvor nicht wahrgenommen haben, und gleichzeitig sind wir uns der Zusammenhänge bewusst. Der Geist ist klar, doch der Verstand reicht nicht aus, um die Unruhe zu bändigen.

Diese Unruhe wird durch die Wähler zur Kraft in den Parlamenten. In Deutschland zeigt sich das anhand der AfD, die dabei ist, Mehrheiten zu gewinnen. Das erinnert an die damalige NSDAP. Die Wähler empfinden, dass alle Politiker versagt haben. Wissenschaftler sehen Kräfte am Werk, die aus unserer biologischen Frühzeit stammen – die ständige Angst, gefressen zu werden. Diese Angst hält wach für die notwendige Flucht.

Bei den technisch gebildeten Menschen kommt es häufiger zusätzlich noch die Angst vor der Selbsterkenntnis hinzu. Jeder hält sich für den Größten, doch die Realität führt oft zu Depressionen. Hat denn niemand die Lehren Jesu gelesen?

Bis hierher ist das Ganze vor dem Hintergrund unserer christlichen Erziehung noch nachzuvollziehen. Eine große Wende zu den geheimen Wünschen liegt bei Jesus in dem Satz: „Wenn ihr doch nur euer Sein erkennen würdet." Der „Geist" ist gut, doch der Mensch trägt den Geist bereits in sich und kann damit in den Himmel gelangen. Dies ist die Umkehr vom Alltag zum andauernden Sonntag. So viel Freude lässt sich nicht einfach schlucken.

Wir könnten doch fröhlich in den Tag leben, wenn es das Fernsehen nicht gäbe. Von früh bis spät werden uns alle Probleme dieser Welt vor Augen gehalten, sodass wir blind werden für die Freude, die uns zusteht. Wie sind wir nur an diesen Punkt gelangt? Die Bedrohungen der Menschheit sind grausam. Wegen der klimatischen Situation soll ich kein Verbrennerauto mehr fahren, stattdessen ein E-Auto kaufen – das versteht doch niemand.

Trotz der Freude darüber, dass ich mit den jetzt vorhandenen eindeutigen Regeln für den Himmel und zur Renovierung des Planeten einen brauchbaren Weg gefunden habe, um mich in Hinblick auf meine Mitmenschen über „Gut und Böse" zu orientieren, ist die tägliche Nachrichtensendung im Fernsehen ein schlichtes „Grauen". Dort gibt es fast ausschließlich Darstellungen des Gegeneinanders. Ob bei kriegerischen Handlungen oder politischen Verhandlungen – es gibt nichts als Gegensätze und nichts als Tote auf dem Schlachtfeld sowie Verlierer. Diese überwältigende Flut von Nachrichten nehmen wir schon fast als normal und selbstverständlich hin. Dabei wächst die Angst der Menschen vor der Zukunft.

Sie erleben, dass die „da oben" die Lage nicht mehr im Griff haben. Parteien wollen ihre Wähler nicht mit Änderungen verunsichern, die in ihrem Leben gerade noch Freude bereiten können! Die Menschen haben selbst große Angst vor gewaltigen Katastrophen, und die übersehbaren Vorgänge erscheinen undurchsichtig und verheißen nichts Gutes. Bei den klassischen Parteien blickt niemand mehr durch. Wie kann so etwas nur geschehen?

Wut als Folge der Angst ist der Wissenschaft bekannt, doch Politiker haben einen anderen Horizont. Bei ihnen zählen die Wahlergebnisse. In der gesamten westlichen Welt interessieren sich die Parteien am rechten Rand stark für Randalen. In Volksbefragungen geben die Wähler ihre Hinwendung zu den Radikalen an, weil sie die derzeit Regierenden für total unfähig halten.

In meiner langjährigen Beschäftigung mit unserem Neuen Testament liegt mein Schwerpunkt nicht mehr bei den Organisationen, sondern in der direkten Kommunikation mit dem Universalgeist. Nach den Worten Jesu müsste sich bei den Menschen grundsätzlich etwas ändern. Die Lösung ist doch so einfach!

Der Austausch zwischen den Menschen, die Erlangung gegenseitigen Verständnisses und das Handeln miteinander – dort liegt unsere Chance. Sie errichteten einen undurchdringlichen Zaun mit allen technischen Sicherheitsvorkehrungen, um Begegnungen zu verhindern. Das nennt man dann Sicherheitsmaßnahme. Sicherheit durch Abschottung ist einmal mehr die dümmste Lösung.

Dennoch reagieren die Wahlberechtigten, indem sie wieder die Parteien wählen, die versprechen, alle Flüchtlinge abzuwehren. Wenn ich das in den Medien wahrnehmen muss, bleibt mir nur noch der Rückgriff auf Jesus. Lasst uns das doch im Zusammenhang sehen!

Lebenszeit ist eine Probezeit. Okay! Danach lebt das *Sein* weiter, und die Gutmenschen, die die Prüfung bestehen, haben eine Chance auf die Ewigkeit. Übrigens ist unsere biologische Lebenszeit nach der Umkehr zur Mitmenschlichkeit ein Gewinn gegenüber der Habgier.

Das Regelwerk ist zwar der Schlüssel, doch das Leben in uns ist ein biologischer Vorgang, der zuerst wirksam ist. Die bessere Antwort müssen wir uns mit dem Geist zusammen erarbeiten. Bemerkenswert ist, dass die Angst bei dem Gedanken an den Tod ins Unendliche wächst. Die Erlösung und der Weg dahin stehen uns jedoch nach dem Wirken von Günther Schwarz „schwarz auf weiß" zur Verfügung. Bei den täglichen Abläufen schleicht sich immer wieder unsere biologisch entstandene Angst in unser Bewusstsein. Es ist daher nicht verwunderlich, dass die Menschen im Angesicht ihres Lebensendes nur ihren Körper und die vordergründigen Freuden im Kopf haben. So gilt die Zeit davor als die letzte Möglichkeit, alles zusammenzuraffen, was das Leben noch hergibt. Wann werden wir nur den Zustand erreichen, dass unser Bewusstsein sich an unser geistiges Dasein erinnert und uns damit erlöst?

Das Ganze

Die Menschheit benötigt keine großen technischen Lösungen mehr, die uns ins Verderben geführt haben. Vielmehr sollten wir uns auf das konzentrieren, was uns aus dieser schwierigen Situation herausführen kann. Das Schlüsselwort für mich ist das Miteinander. Hier gibt es genügend Aspekte, dass wir uns um uns kümmern. Ich würde auf unseren großen Koordinator setzen, unseren Gott-Geist, der in allen Köpfen präsent ist. Über diese Stelle sollten wir uns untereinander verständigen können. Der Anfang liegt dort, wo die Jesus-Wahrheit beginnt: Gott ist Geist, und der Mensch ist Geist.

Es war schon immer so: Sobald eine Institution wie Gott allseits anerkannt war, konnte sich auch eine Gemeinschaft bilden, die große Veränderungen zu bewirken vermochte. Die Veränderung, die heute ansteht, besteht darin, unsere Geistesform und alles, was dazu gehört, anzuerkennen und zu nutzen. Wir haben keine Zeit mehr, uns leichtfertig aus den Möglichkeiten, die uns die Natur und unsere technischen Fortschritte bieten, einen Spaß zu machen. Wir stehen vor der Gefahr, dass uns die Luft zum Atmen ausgeht. Wir haben alles, was in der Erde als Notvorrat vorhanden war, in einem Schwung verbrannt, ohne zu bemerken, dass beim Verbrennen auch der Sauerstoff verbraucht wird. So stehen wir bald vor dem Problem, dass uns die Luft zum Atmen fehlt. „Na dann, guten Appetit auf das CO_2, Kohlenstoffdioxid."

Durch den rasanten technischen Fortschritt sind wir besonders im letzten Jahrhundert in einen Rauschzustand geraten, der uns ganz vergessen ließ, dass es „da oben" auch etwas gibt. Nachdem die Botschaft von Jesus bekannt wurde, ist uns bewusst geworden, dass es nicht nur in uns steckt, sondern auch aus dem gleichen Stoff ist, der bei uns wirksam ist.

Mit dem Wort „Gott" kann man heute bei den Diskussionswettstreiten keinen Blumentopf mehr gewinnen. Für die Lösungen des mittlerweile bekannten Desasters gibt es nur noch Worthülsen wie „Transformation".

Ich werde versuchen, die Botschaft Jesu an dieser Stelle einzubauen, denn dort scheint mir die Hoffnung zu liegen, den Planeten zu retten. Die Stichwörter heißen hier „Wiedergeburt" und „Geist". Unser *Abba* könnte uns retten, wenn wir uns an die Wiedergeburt und die dabei wichtige Formung des Geistes durch die Erkenntnisse unseres Verstandes erinnern.

Durch die neuen Botschaften Jesu, durch die Aufnahme und Verarbeitung in unserem Verstand, wird das geistige Bild in uns transportiert und führt zu neuen Erkenntnissen. Es wäre dann tatsächlich so, dass nicht unser Geist allmählich einen gottgefälligen Körper schafft, sondern dass auch über die Ratio des Verstandes, durch das Lesen von „Was Jesus wirklich gesagt hat", das in uns waltende *Sein* im Sinne des Universalgeistes verbessert wird. Wer im Sinne der „Gebote" handelt, handelt im Sinne des Geistes.

Es ist wahrscheinlich nötig, eine Krücke zu Hilfe zu nehmen. Die Kombination von Geist und Materie lässt sich gut mit einer CD vergleichen. Auf einem tauben materiellen Körper kann der PC Gedanken, die uns gekommen sind, in „Worten" (einer computerlesbaren Schrift) festhalten. Wenn diese CD dann abgespielt wird, erscheint mit den Worten natürlich auch der Geist, der dahintersteckt. Diese Transformation erledigt unser Gehirn mit seinem Sprachverständnis. Die Herausforderung besteht darin, dass der geistige Inhalt in einen materiellen Körper eingebettet wird. Ich muss mir nur noch vorstellen, wie all das Göttliche und das, was uns von Jesus nähergebracht wurde, mit einem Schlag in unserem Gehirn und unseren Gedanken fest verankert ist.

Es klingt vielleicht noch etwas zu einfach, aber diese Verbindung halte ich für denkbar. Zwischen dem Geist in uns und unserem biologischen Körper gibt es eine Kontaktstelle, und das sind die Gedanken. Diese Gedanken können manchmal ganz unverhofft neue Ausblicke und Vorstellungen bringen, die von unserem *Abba* inszeniert sind. So hat es Jesus auch wörtlich beschrieben: „Wenn ihr zur Ruhe kommt, werdet ihr eine Stimme hören ..." Wenn diese Verbindung gestaltet wird, liegt die Anregung dazu allerdings bei den Menschen. Dann besteht die Möglichkeit, den Willen Gottes auch bei uns biologisch zu verankern, wie die Sprache auf der oben genannten CD. Leider ist in unseren Gedanken durch die großen Verführer um uns herum oft kein Platz mehr. Der Anfang zum Guten ist also nicht nur zwingend zu beachten, sondern muss von uns aufgenommen werden. Hier hat das Wort „glauben" eine Übergangsbedeutung. Wenn wir davon überzeugt sind, können wir den Weg gehen, der auf der Erde Zukunft verheißt. In einer Wechselwirkung zwischen Himmel und Mensch ließe sich dann ein Weg finden, um unsere Irrungen und Wirrungen und letztlich die Katastrophe abzuwenden. So könnten auch unsere großen Fehlentwicklungen korrigiert werden.

Es wäre bequem, wenn dies automatisch durch unseren Universalgeist geschehen würde. Es liegt jedoch eine große Weisheit darin, das biologische Produkt selbst zu formen, um es wieder tauglich für ein neues Paradies zu machen. Dann könnten wir die Hoffnung hegen, dass, statt der Veränderung durch die Klimakatastrophe, der Mensch sich entscheidend verändert. Und wenn es dann so sein sollte, könnten die ehemaligen Erdbewohner, die als Geistwesen im Himmel sind, auch wieder zurück zu ihrem Planeten kommen und dort tatsächlich eine Auferstehung unserer Mutter „Erde" mit den guten Menschen aus der Vergangenheit erleben.

Schlusswort

Wir wissen zunächst einmal nichts von unserem geistigen Inneren. Wenn dann aber die Philosophen sagen, der Hintergrund aller Materie und Energie ist von einer geistigen Wirkkraft bestimmt, dann muss aus dieser Masse von Geisteskraft doch erst einmal eine Ordnung hervorgehen. Dort endet die Möglichkeit unseres biologischen Verstandes. Der Geist, der bis in die kleinsten Einheiten in uns und in der Welt den Zusammenhalt und die Veränderungen bestimmt, der als eine universelle Kraft gesehen wird, braucht aber wie alles auf der Welt organisatorische Bindungen, um systematisch arbeiten zu können. Einen solchen Bereich zu koordinieren, liegt nicht mehr in den Vorstellungsvermögen von Menschen. Man kann sich keine Organisation vorstellen, die so etwas leisten kann. Es tritt also auch hier das zutage, was wir schon bei der Vorstellung unseres Gottes anerkennen mussten, dass es sich um eine gedankliche Dimension handelt, die uns Menschen nicht zugänglich ist. Also genau das, was wir früher auch unserem lieben Gott assistieren mussten.

Die Bildung von unterschiedlichen Geschöpfen aus dem Universellen war die Aufgabe. Das Geistige hat die Vielfalt der Arten mit dem Menschen als Krönung auf der Erde hervorgebracht. Die Freiheit des Menschen, die ihm gegeben ist, die kann er mit Hilfe des Bewusstseins ausleben. Diese individuelle und persönliche Freiheit ist einmalig in der uns bekannten Natur.

Das Wechselspiel zwischen Geist und Körper in uns gilt mir als eine ideale Konstruktion. Zunächst ist es ja eine große Verwirrung, dass die Dinge, die wir mit dem Verstand so schön einzeln wahrnehmen, überall aus der gleichen Energie bestehen und darüber hinaus noch von einem übergeordneten Geist geführt werden. Der Geist, der sich hinter den Energiequanten offeriert, ist die Triebkraft der Funktionen der Materie. Dieser wird letztlich auch von dem Universalgeist gesteuert, der sich hinter allem befindet, was jemals existiert hat und noch existiert. Dieser übergeordnete Geist ist uns auch zunächst nicht bewusst. Nein, das, was den Geist in letzter Instanz ausmacht, sind die Fähigkeiten, die wir nicht verstehen können. Unser Gehirn leistet das nicht, unsere neuronalen Netze sind schon so kompliziert, dass auch die Medizin mit offenem Mund dasteht. Ich tröste mich mit der „Ausrede": Das ist eben die Kunst, den Geist anzunehmen, die wir getrost unserem Gott-Geist überlassen sollten. Aber auch das ist für uns Menschen ein alter Hut.

Wir leben mit unserem biologischen Verstand so lustig dahin, ohne dass wir uns Rechenschaft abgeben über die Wirkungen und Nebenwirkungen, die damit verbunden sind. Nur das Wort „Geist" bringt uns in eine andere Dimension und gibt uns die Sicherheit, dass unser Leben auch einen Sinn hat. Wir haben die Möglichkeit, uns in unserer Lebenszeit mitmenschlich zu benehmen und unsere Erde gut zu behandeln, dass wir in den Genuss kommen, dass unser geistiger Teil, also unser Geist, am Ende dann in den Himmel aufsteigen kann. Gelenkt durch unseren Verstand, würde sich unser biologischer Körper allein zunächst eine sichere Position erarbeiten und das Leben genießen. So getrennt ist das aber nicht vorgesehen. Unser Geist wird in unserer biologischen Lebenszeit getestet. Wenn er sich nur durch seine biologische Hülle auf die Freuden des Alltags konzentriert und nur seiner Lust und dem Bestreben nach Größe verpflichtet ist, dann hat der Geist, also jeder Einzelne von uns, das Ziel verfehlt.

Sich zuerst eine sichere Position im Leben verschaffen und dann den Gott-Geist bitten, uns zu führen und den Geist von uns in den Himmel aufzunehmen, geht auch nicht. „So nimm denn meine Hände und führe mich bis an mein selig Ende und ewiglich" (geschrieben von Julie Hausmann „Ich will Dir folgen, wo Du auch hingehst", erstmals gedruckt 1862), das ist eine Illusion. Das ist ein frommer Wunsch. Wir müssen uns aufraffen und zunächst einmal eine Leitung zwischen unseren Gedanken und dem Gott-Geist zu schalten.

Die geniale Zusammenführung von Mensch und Geist in uns erfordert unser besonderes Engagement. Wir können uns mit unserem Geist Rat holen, sind dann aber auch aufgerufen, „den Willen Gottes zu tun", wie Jesus sagt. In unserem Leben den Geist regieren zu lassen, d. h. unser Tun tauglich zu machen für den Gott-Geist, das ist unsere Aufgabe auf der Erde. Das ist der Weg in den Reichtum und den Himmel.

„Ich bin gekommen, um zu dienen." (Markus 10,45)